巨人論

江川 卓

SB新書
613

はじめに

子どもの頃、テレビで試合が放送されていたのは、巨人戦だけだった。「巨人・大鵬・卵焼き」と言われたように、巨人は少年が好む定番だったし、僕にとっても憧れの球団だった。

とはいえ、福島で生まれ、静岡の山あいで育った僕にとって、プロ野球は身近な存在ではなかった。憧れではあったが、自分がプロ野球選手になるとは夢にも思わなかった。中学、高校、大学と試合で結果を残すうちに、自然とプロ野球へ進む道が開かれた。そういう感じだ。

子どもの頃は、むしろ学校の先生になりたかった。

その夢は、今の解説者としての仕事につながっているのかもしれない。人に「ものの見方」と、そのための知識を教えるという点では、よく似た仕事だと思う。

30代前半で現役を引退した時、まさか自分に解説者としての仕事があるとは思わなかった。当時の解説者は、コーチや監督としての指導経験のある、50代を超えたベテラン中のベテランがほとんどだった。

先輩方もいる中で解説者として生き残っていくために、僕はあることを心に決めた。

野球解説者は、「間違えない」仕事だった。出た結果に対して、「今は変化球を投げていたが、あそこはやっぱりまっすぐがよかった」「○○だから打たれたのだ」というように、文字通り起こったことを「解説」する仕事だった。これだと、解説に間違いはない。聞いている人も、なるほどと納得してくれるだろう。

それまでの野球解説のあり方に反して、僕は自分の想像を語ることにした。

「次の球はインハイのストレートを投げるだろう」

「バッターは次の球を振ってくるだろう」

というように。

ただ、この解説スタイルだと、外れが生じる。当の選手たちは僕と同じ人間ではないから、発想や感覚に違いが生まれる。選択も異なる。だから僕の想像は必ずしも当たらない。外れることも多くなる。

解説の仕事を始めて少ししたある日、タクシーに乗ると、運転手さんに「江川さんですか?」と尋ねられた。はい、そうですと答えると、返ってきたのが、

「あんたよく外すね」

という言葉だった。

この言葉を聞いた時、しめたと思った。よく外すことを知っているということは、よく聞いてくれているということだ。視聴者やリスナーがついてきている実感を得た。僕が知る限りそれまで誰もやっていなかった「外れる解説者」の路線で続けていこうと思った。

想像して解説する。想像の結果が外れてもいい。その代わり、想像に説得力が生まれるように、外れても納得させられるように、理論だけは誰にも負けないものを持たなければと考えた。

その甲斐あってか、今の今まで解説者としての仕事を続けてこられた。気づけば、

現役を引退するまでの人生より、引退してからの人生のほうが長くなっている。

それまでの野球解説者とは違ったスタイルを求めたのには、僕の変わった性格も背景にあるだろう。

小学生の頃の学級会では、たとえ本心では賛成していても、あまりにも全員が賛成に手を挙げていると、僕は面白くなって反対に手を挙げた。それまで10割が賛成だったクラスが、僕の理論武装を聞いていつも少なくとも1割ほどは意見を変えてくれるのに快感を覚えた。

そう。あまのじゃくな性格と、それでも納得してもらうための理論の構築力が、小学生の頃から変わらない僕の性質なのだ。

そんな性質だからか、「引退したら指導者に」と多くの野球選手が考えるのに対し、僕は現役引退時、コーチの仕事にも監督の仕事にも興味を持たなかった。現役時代には巨人のキャプテンに僕を推してくれた同僚もいたが、やはり断っていた。

こうやって本を出していて言うのも変だが、元来、表に出ることにはあまり興味がないのだ。卵にたとえるのが正しいのかわからないが、僕が表に出るのは、あくまで外から割られてしまうからだ。

表に出るのが好きでない僕は、引退の際に「コーチはやりません」と名言しているほどだ。僕が監督はもちろん、これまでコーチとしての経験もないのには、このように公言してしまったことも小さくない理由としてある。

ありがたいことに、ファンの方々が「監督にならないんですか？」と今も時折声を上げてくれる。こればかりは、タイミングとしか言いようがない。声がかかったら、その時に考えることになるのだろう。

入団のいきさつ以来、僕は巨人というチームに迷惑をかけてきた。大変なこともあった。責任もある。前述の「巨人・大鵬・卵焼き」に並べて、嫌いなものとして「江川・ピーマン・北の湖」という言葉もかつてあった。世間からすれば日々、あの「騒動」は風化し忘れ去られていくが、僕自身は一度たりとも忘れたことはない。巨人というチーム以外に、自分の居場所はないだろう。

現に今、巨人のOB会では、副会長を務めている。ささやかながら、何か自分でもできることを、という思いからだ。もっともこれは、会長である中畑さんに頼み込まれたからでもあるのだが。

これまであまり語ってこなかったことをつい語ってしまうのは、歳のせいもあるのだろうか。2022年にはYouTubeチャンネル「江川卓のたかされ」を開設し、おかげさまで好評を得ているが、そこでも、これまで語ってこなかったことをつい口に出している自分に気づかされる。

本書は、YouTubeでこれまで話してきたことから抜粋し、加筆・修正・再構成を施して一冊の書籍とした。書籍にまとめるにあたって「巨人」をテーマに選んだのには、ここに書いたように、僕の巨人への変わらぬ愛着があるからだ。

第1章では、巨人で過ごした現役時代を振り返る。扱う対象はあくまで僕の経験や思い出になるが、その中に登場する僕なりの理論を楽しんでいただければ幸いだ。

続く第2章では、僕の巨人時代や野球理論全般をひもとくカギでもある、投球論を紹介したい。本書のテーマはあくまで「巨人」にあるが、何を語るにも、僕の野球哲学にはピッチャーとしての視点が外せない。

さらに第3章では、長嶋さん、王さんから松井秀喜さん、高橋由伸さんまで、僕が出会ってきた巨人のレジェンドたる方々について語りたい。

最後に第4章では、現在の巨人について解説する。あくまで解説であることに注意されたい。僕には批評なんていうおこがましいことはできない。伝説の大横綱・双葉山と白鵬を単純に比較できないように、その時代やその選手ごとに強みがある。読者の方々に「見方」を提供するつもりで、僕なりの視点をまとめたつもりだ。

全4章のこの『巨人論』を、少しでも楽しんでいただければ嬉しい。前述の通り、書籍化にあたってまとめ直しているから、YouTubeをいつも楽しんでくださっている方にも面白い一冊になったと思う。

野球は、自分ではできない凄まじい速球や豪快なホームランなど、「ドラマ」を楽しむためにある。映画や演劇と同じだ。その「ドラマ」をこれからもっと楽しんでいただく一助として、本書を活用いただければ幸いだ。

ところで、すでに天国にいる親友、歌舞伎役者の中村勘三郎は、つまらない歌舞伎は寝てもいいと言った。江戸時代から続く伝統ある歌舞伎文化だが、もともとは弁当やお酒を片手に楽しむ気楽なものだった。

僕は野球もそうだと思う。読書もそうだろう。面白くなければ飛ばしていただいてかまわない。どう読むのも読者の勝手だ。これ以上、僕があぁだこうだと書くべきではないだろう。面白いと思えるところは面白く、つまらないと思うところは飛ばしながら、それなりに楽しんでくれれば、筆者としてそれに勝る喜びはない。

2023年3月

江川卓

追伸
巨人OBの中では、僕はまだまだ中堅クラス。先輩方、もしこの本を読まれていて何かあれば、「江川がまた何か言ってらぁ」と笑いとばしてください。

巨人論　目次

第2章　投球の秘密

第3章 巨人軍列伝

第4章 令和の巨人軍

第1章

僕の巨人時代

「空白の一日」は2番目の騒動になるはずだった

あの「空白の一日」は大騒動になったが、本当は、自分の人生では2番目の大騒動になるはずだった。

最大の大騒動とは何かというと、実は、これは実現しなかった。高校の時にもし巨人に指名されていたら、僕は拒否しただろうから、大騒動になったに違いないと今になって想像するのだ。高3の時のドラフト指名は阪急からのもので、騒動は未然に防がれた。

僕は中学の時から早慶戦に憧れていたから、もちろんプロでは巨人に入りたかったが、もし高卒で巨人に指名されても早慶に行こうと決めていた。

高校も、早稲田か慶應のどちらかに進学できる可能性があるかどうかで決めていた。紆余曲折あるが、作新学院に決めたのはそれが理由だ。

高3になって早稲田の推薦が決まり、早慶戦の夢が近づいたが、慶應の関係者から親父に「慶應を受けてはいかがでしょうか?」という声がかかった。

どうしてその言葉にほだされたのかわからないが、僕の意思とは関係なしに親父は「慶應を受けさせます」なんて言ってしまった。「えー、推薦あるのになんでわざわざ受けるわけ？」とは思ったものの、当時の僕は親父には逆らえずに、早稲田への推薦を断って慶應受験の勉強をした。

親父は「お前はほとんど勉強してこなかった。受験勉強を経験したほうがいい」と言ったが、これにも内心、「いや、受験勉強は毎日してたよ」と思ったが、言われる通りに予備校に通った。

僕はそれまで社会科では地理を勉強していたが、慶應の受験科目に地理がなく、予備校では日本史の特訓となった。ほかの生徒がいなくなってから、日本史で有名な先生に22時から夜中の2、3時まで学んでいた。

その先生によれば、慶應の過去問をさらうと第二次世界大戦以降の問題はほとんど出てこないから、それまでを徹底的に押さえようということになった。それでいざ本番、日本史の試験用紙をめくると、1問目が第二次世界大戦後の内閣について。それで鉛筆を転がして答えた結果、慶應に落ち、法政大学に行くことになった。多分あの日本史の答案は0点だろう。
それで僕にとっては巨人の入団拒否も早慶戦も幻となった。

こんなことならドジャースに入っておけば……

僕の2回目のドラフト、大学卒業時のドラフトはライオンズからの1位指名となった。

僕はおふくろが10人兄弟、親父が6人兄弟と親戚が多く、自分で言うのも変だが「親戚の星」だった。親戚の多くは東京で商売をやっていたから、親父はライオンズに入ればと言ってくれたが、親戚一同は在京球団でなければ入るなという話になった。今でこそライオンズは埼玉が本拠地だが、クラウンライターライオンズだった当時は福岡の球団だった。僕も巨人への憧れがあったから、ライオンズは断ることにした。

さて、社会人チームに入るか、野球留学を選ぶか。社会人になればドラフトの資格を得るのは2年後ということで、野球留学を選んだ。あとで元木大介さんがやったようにハワイ留学の話もあったが、結局、南カリフォルニア大学（ＵＳＣ）の練習生として留学させてもらえることになった。

費用の捻出がネックになり、親父は依願退職。52歳で会社を辞めて得た退職金を、僕のアメリカ留学資金とした。「プロに入って返せばいい」と親父は言った。

6月まではほとんどバッティングピッチャー。練習試合にも参加させてもらえなかったが、アラスカでのサマーリーグに「グレイシア・パイレーツ」というチーム所属で出場できることになった。メジャーの卵が集まる試合で先発して、２勝２敗。

幸運なことに、その成績を見てドジャースからの誘いもあった。だが、僕の目標はメジャーではなく巨人だった。ドラフトの少し前、親父から国際電話で「巨人に入れることになった」と聞き、僕は日本へ帰ることを選んだ。

「帰ったら楽しいドラフトが待っているんだなあ」

「3回目のドラフトなんて経験はなかなかないぞ」

なんて思いながら帰った僕。その僕を待っていたのは、野球協約には「空白の一日」なるものがあり、その日であればドラフトを待たずに契約できるとする父や弁護士からの説明だった。それで僕は、その話に乗ることにした。

そんなことをしたら揉めるとは想像しなかった。今思えば、アメリカに行き、マスコミとも日本人とも触れ合わずに悠々自適に過ごしていた僕は、楽観的になりすぎていたのだと思う。ドジャースに入っていればまた違う未来もあったのかなとも思う。

その後、揉めに揉めて巨人に入団することになる僕の経緯は、引退後の著書『たかが江川されど江川』にも詳しく書いたから、僕の視点での「空白の一日」を知りたい人はそちらを読んでもらえれば、と思う。あるいは今後、YouTubeチャンネルでじっくりと振り返ることもあるかもしれないから、興味のある人はチャンネル登録をしてくれると嬉しい。

僕の一番の誤算は、僕が巨人に入るために、小林繁さんを巨人から阪神へ移籍させることになってしまったことだ。これは僕の死ぬまで消えない負い目だ。

落合さんとは二軍時代に戦っていた

1978年オフは僕の騒動が話題になっていた野球界だが、実はあの落合博満さんがロッテからドラフト指名された年でもある。

79年の5月だったと記憶しているが、二軍戦で落合さんとの初対決があった。センターには中井康之さんがいて、入ったばかりの僕にもよくしてくれていた。大先輩だが、僕は親しみを込めて「やっちん」と呼んでいた。

落合さんとの初対決は、2アウトからだった。センターフライに打ち取ったと思ったボールが、なぜかセンターオーバーの二塁打になった。僕はマウンドから帰ろうとしていたくらいだ。

その回が終わって、やっちんとの会話。

「やっちんの下手くそ」

「いやあ、打球がさ、捕れると思ったんだよ。って思ったら、どんどんどんどん伸びていってさ、抜かれちゃったんだよ」

「それはやっちんが下手なんじゃないの」

「いや、違う。ちょっと特殊だったよ」

いくらやっちんが投手から外野手に転向したばかりの年で、守備に難があるとしても、風もないのに、野手の想像に反してオーバーする打球を僕は不思議に思った。

その後、いつの試合かは覚えていないが、インハイのいい球がもうちょっとでミットに入りそうかなというところで打たれたホームランも覚えている。「よし、振り遅れた」と思った瞬間、ミットから10センチ手前で落合さんがスイング。思いがけず打たれて僕が振り返ったのがレフトだった。右打者へのインハイは普通レフトに飛ぶからだ。

ところが結果はライトへのホームラン。これもまた不思議で3日間ほど悩まされた。

3日考えて、「こういう練習とこういう打ち方をしているのでは」と結論に達した僕だったが、現役時代に真相を知る機会はなかった。答えが聞けたのは、引退後のことで、それも落合さん本人ではなく練習相手のピッチャーからだった。そのピッチャーの前で、内緒だろうから、「はい」か「いいえ」でお答えくださいということで僕の想像を語ったら、答えはまさしく「はい」だった。

本人ではない僕がここで明かすことはできないが、理論を超えた理論を持った方だということはわかった。王貞治さん、長嶋茂雄さんや掛布雅之もそうだが、すごいバッターには誰も真似できないすごい理論がある。ロッテ3年目から一軍スタメンに定着し、翌年に三冠王になったのには、それだけのバックボーンがあるのだ。

ピッチャーの続投意欲

2022年6月22日、ロイヤルズ戦で先発したエンゼルスの大谷翔平投手は、7回までを投げた後、ベンチでネビン監督代行から降板するかを問われた。温厚な大谷投手が珍しく語気を荒らげ、「No! This is mine.（いやだ、僕の試合だ）」と続投を志願。8回に入る前にも同じく問われたが、大谷投手はマウンドを譲らなかった。結局8回を登板し、無失点。キャリア最高の13奪三振で勝利を挙げた。

日本では、「どうするか？」と訊かれれば、ほとんどのピッチャーは「いけます！」や「投げます！」と答える。僕が知る限りでは、「やめます。交代お願いします」と言ったのは、定岡正二しかいない。それはさておき。

「交代するぞ」とまで言われたピッチャーが「いや、投げさせてください」と反論することは普通ない。チームが決めることには従わないといけない。

ともかく、日本では、監督の交代指示にピッチャーが従わないなんてことはない。

ただ、アメリカはイエス／ノーをはっきり言う社会だから、大谷投手の発言も前述のようなものになったのだろう。

もし僕がメジャーで、大谷投手のように続投後も降板を打診し続けられたら、「Ask me no more.」というふうに言うだろう。投げるに決まっているんだから、もう聞くなという意味だ。大谷投手の「This is mine.」と似たようなものだから、大谷投手が尊大だなんて批判するつもりはまったくない。

もちろん、采配が絶対の日本においても、代えられたピッチャーは当然、悔しく思っている。先発は5回までを投げ切らないと勝ち投手の権利が得られないから、チームが1点差などで勝っている時に4回2／3で代えられるのが一番かなわない。

巨人の先輩である堀内恒夫さんも4回2／3で代えられたことがある。

堀内さんは僕に言った。

「4回2／3で代えられたんだぞ！」

「そうですよね、悔しいですよね」

「あと1人だったんだぞ！」

「でも、ピンチにしたのは堀内さんですよね」

これは堀内さんと仲良くさせていただいているからできる会話であり、笑い話だが、特に若いピッチャーが5回途中2アウトまで取ったものの、ランナーをためてしまって交代、というのは今もよく見る光景だ。

この状況は、実はベンチにとっても苦しい。

もう1人いかせてあげたいという親心もあるが、絶対次打たれるという空気感にはいかんともしがたいものがある。逆転されて逆転し返すのは大変だ。

だから交代はしょうがない。マウンドのピッチャーは興奮状態にあるので、冷静に交代を指示するのもまた親心だ。選手がベンチに従う統率の取れたチームプレーが、「ベースボール」にはない「野球」の醍醐味だと僕は思う。

一度だけ、僕がベンチの采配に承服しかねたのは、掛布への敬遠のサインが出た時。掛布とは、必ず勝負させてほしかった。敬遠球の4球は、ありったけの球速で投げた。申告敬遠になった今ではもうできない、僕なりの抗議だ。敬遠球を打つだとか、高めに外すのが苦手で暴投になるとか、敬遠にもドラマがあるから申告敬遠の制度もどうかとは思う。

代えてくれと願ったプロ初登板

よく「江川は完投にこだわる」と思われているようで、それは確かにそうだが、ちょっとだけ事実と違う。

僕らの時代は、今のように6、7回あたりにセットアッパーが出てきて、9回はクローザーに任せて、というようなシステムがまだ確立していなかった。このシステムはプロ野球がアメリカから導入したものであって、僕が子どもの頃に教わった野球にはない。

だから、そもそも交代するという意識がない。「9回投げ切ってやるぞ」という意地があるのではなく、そもそも9回を投げ切るのが当たり前というわけであって、最初から途中で代わる感覚を持ってマウンドに上がることはなかった。これが真相である。

これであれば、交代をベンチから告げられるのはよほどの時だから、素直に「はい」と言うわけだ。もちろん、完投して当然なので、「どうだ、いけるか？」と問われれば、答えは「いきます」になる。何度も言うようだが、定岡を除いては。

そんな僕でも、唯一、代えてほしいと思った試合がある。

ほかならぬプロ初登板・初先発、1979年6月2日、後楽園球場での阪神戦がその試合だ。

「空白の一日」を受けて決まった開幕から2カ月の出場自粛。それが明けた6月。初登板は伝統の巨人・阪神戦がいいと思われての、長嶋監督の采配だったに違いないが、騒動からの因縁の阪神戦ということで、注目もすごかった。

僕自身は、因縁の阪神と対戦する気まずさややりにくさもなく、伝統の巨人・阪神戦という気負いもなく、「ようやく自分の力を見せられる」という気持ちで一生懸命に投げただけだった。

確か阪神の1番バッターは真弓明信さんだった。真弓さんがバッターボックスに入り、巨人のキャッチャーは吉田孝司さん。

初球ストレートのサインが出てストレートを投げたら、落ちた。自分ではもっと、ピューッとまっすぐ決まると思ったボールが、ポワンと落ちたのだ。

見逃した真弓さんのびっくりした顔を覚えている。自分でもびっくりだった。「なんだこのボールは」というのが第一印象。情けないボールに、「あなた無理ですよ」と言われた気がした。高校、大学で自分が投げてきたボールとは程遠い、情けないボールだった。今考えると緊張していたのがわかる。

それで、2球目からはほとんど覚えていない。緊張もあり、疲れもあり、早く代えてくれと思っていた。でも長嶋監督は代えなかった。結局、7回までに3本ものホームランを打たれて敗戦投手になった。

真弓さんへの1球目の次に覚えているのは、7回、助っ人外国人ラインバックとの対決。大学時代まで打たれなかった高めのインサイドを、大根切りでコンと上から当てられ、スタンドにライナーで入った。「すごいな、プロの世界は」と思った瞬間だった。

大学受験の時も第一志望の慶應に落ちて法政に受かったが、プロの世界でも開幕戦で敗戦投手となったのが結果的によかったと思っている。あれで勝っていたら、私のことだから舐めていただろう。ちゃんと練習するようになっていったし、情けない開幕戦も今ではよかったと思っている。

ちなみにこの試合は、日本のプロ野球視聴率ランキング第3位となる、平均世帯視聴率36・4%を記録した、ということだ。ラインバックにホームランを打たれた瞬間は46・8%。興行的には代えなくて正解?だったわけだ。

衣笠さんとの3球勝負

新人1年目の試合では、8月2日の広島戦も印象に残っている。

前日の同カードでデッドボールを受けた衣笠祥雄《きぬがささちお》さんは、ニュースによると骨折しているとのことだった。だから試合には出てこないだろうと思っていた。

ちなみにこの時にデッドボールを与えたのは、僕のライバルである西本聖《たかし》だが、その後、僕も衣笠さんには何度も当ててしまった思い出がある。

衣笠さんはアウトコースが得意で、普通の選手が打てるよりもさらに遠いところもホームランにする。逆にインコースは苦手で、インコースギリギリに投げた球は肘が出てデッドボールになることがよくあった。それでしょうがないからアウトコースに投げると、やっぱり打たれる。「ああやっぱり。そりゃそうですよね」という思いにさせられた。

8月2日の試合には出場しないと思われた衣笠さんだが、7回に代打で出てきた。連続出場記録が途絶えないようにという背景があったらしい。

骨折したとはいえ、打席に立たれた以上、僕は絶対に手を抜いて投げてはいけないと思った。ランナーのいない局面だったが、満塁になったと思って投げた。全力投球でストライクを3つ投げ、3球三振。

インコースには投げなかった。前述の通り、インコースに投げるとまたデッドボールになるかもしれない。骨折されているからこれは本当に危ない。勝負するつもりで、衣笠さんが得意なアウトコースにストレートを3つ投げたのだ。

衣笠さんは3球ともフルスイングで空振りしたが、僕には3球目の空振りが、今も頭の中に映像として残っている。真相はわからないが、打席を離れる時に、衣笠さんが首をかしげながらも「ありがとう」と言っているのが見えた。「全力投球してくれてありがとう」という意味だと思った。

その後、この3球について「1球目はファンのために、2球目は自分のために、3球目は西本くんのために」とおっしゃったことが有名になったが、僕が入っていないのがちょっと残念だった。と思っていたら、「あの日の江川は最高でしたね。当たると思って振ったけど、当たらなかった」という発言もあるらしい。よかった、よかった。

何がルーキーの成功を決めるのか？

巨人での1年目は9勝10敗と負けが先行してしまった。

アメリカの1年間ではアラスカでしかほとんど投げていなかったこと、入団トラブルで動揺があったこと、2カ月間の出場自粛でも満足に投げられなかったことなど、本調子のボールが投げられなかった原因はいくらでも分析できるが、苦い1年目となった。

一般論として、ルーキーが活躍するのに壁はあるのだろうか。

そもそも、プロに入ってくる人は、全員が素質を持っている。高校生から大学生、社会人まで、日本全国をプロのスカウトが見てまわって選んでいる以上、素質に問題があるルーキーは1人もいないと言っていい。

彼らがはじめから活躍できるかどうかはとても微妙な問題で、まず、ピッチャーなら先発ローテーション、野手ならポジションに穴があるかどうかは完全な運だ。活躍するかどうかに先立って、活躍機会が与えられるかどうかに運という関門があるのだ。

とりあえず、一軍への出場機会があったとしよう。この初出場で、人生は大きく変わる。バッターは打率、ピッチャーには防御率というものがあるように、勝負の世界に絶対はなく、確率に左右される。

たとえば、2割打てるバッターがいるとして、その2割の成功機会が初出場の際にぶつかるか。ピッチャーなら、初登板の際に投げミスをしたとして、そのボールを打たれるかファウルになるか。初出場の成功体験は偶然に左右されるところがあるが、この成功体験を持てるかどうかがその後の飛躍に大きく関わる。

出だしが順調かどうかは本人の自信にも通じるし、何よりまわりからの印象を左右する。

少ない運をものにして、いい印象を与えるためには、逃げの姿勢を見せることだけは厳禁だ。ピッチャーであればフォアボールの連発、バッターであれば見逃しの三振はまずい。とにかくピッチャーはストライクゾーンに投げ、バッターもある程度積極的に振っていくべきだ。

まとめると、僕はルーキーの壁はひとえに「運」だと思う。

先ほど、プロに入る以上全員が素質を持っていると言ったが、素質を持っているとはいえ、特に苦労するのは、ピッチャーであれば150キロ以下でコントロールにばらつきがある人、バッターであればスイングスピードが遅い人だろう。

なぜかというと、ピッチャーの場合はプロ野球ではストライクゾーンが狭く、コントロールが悪く球速にも自信がないとボール先行になりやすいからだ。また、プロのレベルだと変化球がバッターの前で変化するので、スイングスピードが遅く早めに振る判断をしてきたバッターだと空振りが増えてしまう。

面白いのは、だいたいの選手がプロ入り前から素質を「100」発揮しているのに対し、ときどき「80」くらいだった人がいることだ。プロの練習の中で残り「20」が発揮されて、プロになってから一気にライバルを追い抜いていくという人がたまに出てくる。今で言うとDeNAの牧秀悟選手などはその部類だろう。

掛布はどうしてすごいのか？

同い年の掛布とは、彼のいた習志野高が作新学院に練習試合に来た時にニアミスをしている。僕がリリーフ登板した時には、デッドボールを受けてすでに掛布は引っ込んでいた。それで対決する機会も、話す機会もなかった。

僕がプロに入る前年の1978年のオールスター。高卒ですでに阪神に入っていた掛布が3打席連続でホームランを打っていた。その姿に驚かされた僕は、79年7月の初対決ではストレートで勝負をせずにホームランを打たれてしまった。

むしろ記憶に残っているのは8月14日の対決だ。

左バッターへのアウトコース高めのストレートは、僕の特にコントロールがいいボールで、必ずファウルにする自信がある球だった。球の勢いがあるから、コースも相まってタイミングが遅れて「絶対に」ファウルになるボールだ。いや、掛布には打たれたから絶対ではなくて、99％か。

そう、この8月14日の試合で、僕は掛布にこのボールもホームランにされている。

打たれた瞬間、ファウルだと思った。それが振り向いたらレフトに入るライナーになった。こんなふうにして打たれたのは初めてだから、びっくりした。シュート回転したボールを上から叩いてフックさせるような打ち方があるなんて。ほかの選手であんなホームランは見たことがない。

その後、初めて話すことになったのが、プロ2年目のオールスターだった。セ・リーグのベンチで話をした。確か車の話をしたような気がする。僕はチームメイトも含めて野球選手と食事することはほとんどなかったが、それから掛布とだけは食事をするようになった。もちろん、シーズン中は敵同士だから行かなかったが、シーズンオフや引退後は交流が続いた。

お互い東日本、西日本の球団に所属しているから、浜松より東で会う時は僕が店を決めて僕が支払う。浜松から西の時は掛布が決めて掛布が払う。そんな関係性になった。

シーズン中は最大のライバルであり、勝ったのも負けたのも全部覚えている。やっぱりすごいなと思わされる被弾も多かった。

球宴での9連続奪三振は2年目から目指していた

掛布と話した2年目のオールスターが、僕の初めてのオールスターだった。

僕の出場したオールスターでは、1984年の8連続奪三振が話題に上ることが多い。あわよくば振り逃げによる10連続奪三振を狙って、9人目の大石大二郎さん（近鉄）にカーブを投じたが、打たれてしまった。結局、江夏豊さんに並ぶこともできずに8連続奪三振となった5度目のオールスターだ。

この9ないし10連続奪三振は、実は2年目のオールスターから狙っていた。狙ったが、3イニングを投げて7つの三振を取るにとどまった。あらためて江夏さんは難しいことを成し遂げたのだと、思い知らされた初選出だった。

球団の先輩からは、オールスターに出たら必ず先輩投手のところへ行き、助言を乞えと聞かされていた。ただ、そうそうたる先輩方が選出されている中で、恐縮からなかなか自由に動けず、結局、お話をうかがう機会を得たのは、鈴木啓示《けいし》さん（近鉄）だけだった。

「どういう練習をしたらいいんでしょうか？」と質問したら、「投げ込んで走ること」という答えをいただいた。基本が大事だから、よく走り込んで、ちゃんと投げ込んで、自分のフォームを完成させ、コントロールよく投げなさいとのことだった。コントロールがなければプロは難しいとのことだった。これは今、僕も100％同意することだ。

山田久志さんには、「こんにちは」と挨拶できただけだった。

誰が引き合わせてくれたのか全然覚えていないが、高3の頃に宿泊したホテルの隣が山田さんの住むマンションで、山田さんと奥様と、お話しする機会があった。だから面識はすでにあったのだが、そのことをひけらかしてもと思ったのだった。

阪神からは小林繁さんが出場していたが、カメラに狙われている気がして、やはりご挨拶に行くことはなかった。ようやくまともにお話しする機会を得たのは、引退後だった。

初めてのオールスター。僕はただ、思い知らされたプロの厳しさを、掛布相手にコソコソ愚痴るだけだった。

結局、8連続奪三振という江夏さんに続く記録を残せたのが、肩を壊してシーズンでは散々の結果を残した1984年というのは面白い。

日本一を決めたピッチャーフライ

ポーカーフェイスを貫いた僕だったが、3年目の81年には、ガッツポーズを2回取った。プロ野球選手人生において、マウンドで喜びを爆発させたのはこの2回だけだ。

1つは、9月9日の大洋戦での20勝達成の瞬間。この日は完全試合も狙う気だったが、3本のヒットを許した。プロのレベルの高さを感じてこれ以降、完全試合を追い求めるのはやめた。とはいえ20勝そのものは嬉しく、最後のバッター、中塚政幸さんから三振を奪った瞬間には喜びを爆発させた。

そしてもう1つが、日本シリーズで日本ハムに勝ち、日本一を決めた瞬間だ。

実は、このガッツポーズまでには長い因縁がある。

高3の甲子園、夏の2回戦（銚子商戦）。延長12回、降りしきる雨で、決してボールが滑ったわけではないが、最後の1球が押し出しとなってサヨナラ負けとなってしまった。だから雨には苦い思い出があった。

日本シリーズは、1戦目、4戦目、7戦目に先発することが事前に決まっていた。

僕は予定通り1戦目と4戦目に出場し、5戦目が終わった段階で3勝2敗。6戦目で日本一が決まる可能性が出てきて、僕の7戦目はなくなりそうだった。

ところが6戦目が雨で順延になり、翌日開催になった。そしてその第6戦に中3日の僕が先発することになった。胴上げ投手になれるかもしれない。高校の時に僕を陥れた雨が、今になって自分を助けてくれた気がして嬉しかった。

調べると、日本シリーズの最後のプレーがピッチャーで終わったことは過去に一度もなかった。内野ゴロだとファーストに投げたところで終わるし、フライは捕った野手のところで終わる。ピッチャーフライも野手が捕る。また、三振を奪ってしまうと、キャッチャーで終わりになる。

ウイニングボールを手にしてガッツポーズを取りたいと思った僕は、夜眠る前にベッドの中でピッチャーライナーを「野球の神様」に願った。

9回の2アウトになった時は、願い事のことを忘れていた。勝つことに必死だった。何といっても、バッターはこれまた因縁の五十嵐信一さん。巨人入団時に二軍で初登板した際に初ホームランを打たれた相手だった。

それが五十嵐さんの打球が「ふわっ」と上がった瞬間に、前夜の願い事を思い出した。自分のところに飛んできた。ピッチャーフライだ！　ピッチャーが避けて野手に任せるのがセオリーだったが、やはり自分で捕りたいと思った。僕は「オーライ」と叫んだ。

サードの原辰徳をちらっと見たら、僕の声を受けて止まっていた。「江川さん捕ってくれ」というような雰囲気だった。ファーストから中畑清さんも走ってきていたが、もともとより守備が苦手な⁉中畑さんに任せる気はなかった。僕が捕ることに決まった。

思ったよりもボールの滞空時間が長く、落ちてこない。バットが折れたせいでボールに回転がかからず、ゆっくり落ちながら揺れるボールになった。チェンジアップのような感じのボール。エラーしたら最悪だ。結局、真芯では捕れなかったが、なんとかキャッチ。そのまま両腕を挙げて喜びを表現した。

振り返ると、頭では考えていなかったが、ピッチャーフライになることを意識した投球になっていたと思う。インハイのストレートで、バットが折れてピッチャーフライ。捕手の山倉和博はアウトコースに構えたのに、僕は勝手にインハイを投げた。無意識のうちにピッチャーフライを狙っている証拠だ。外側に投げたらライト方面に打球が飛ぶ。インハイで詰まらせることで、内野フライになる。

幸運だったのは、バットが折れたことだった。これで内野手の前まで飛ばずに、ピッチャーフライとなった。数々の要因が重なった、人生でも数少ない不思議な体験だった。

20勝と日本一をこの年に経験してしまったから、この後、ガッツポーズをするほど新しい喜びを感じる瞬間はなくなってしまった。もし沢村賞を獲っていたら、3度目のガッツポーズもあったかもしれない。

空白の三週間——幻の剛速球

僕のところへ「空白の一日」について聞いてくる人はいまだに多いが、それよりも、誰か「空白の三週間」に注目してくれないだろうか。

「空白の三週間」とは、1981年に20勝を挙げた後、次の登板までおよそ3週間が空いたという「事件」である。

この年はすこぶる調子がよく、20勝を挙げた日の夜も、これは25勝できる、という気分だった。それで、調子に乗っていたのかもしれない。

試合後、後楽園球場のブルペンで、いつものようにブルペン捕手の中村昭にボールを受けてもらっていた。中村はキャッチングの音がよく、ピッチャーを気持ちよくさせる。それで、いつも中村にお願いしていた。

投げてみると、投げた瞬間にはもうボールがミットに入るような感覚があった。嘘のようだが、手元で放すより前にもうボールがミットに入っているような感覚だった。

これは、バッターが打つタイミングのない、ものすごい速い球だ。そう思って「昭、今の打つ時ないだろ?」と言ったら、中村も「感じいいわ」と返す。

それでどんどん気分がよくなって、球速を上げるべく投げ込んだ。

ちなみにこのボールの快感は、野球人生の中でもベスト3に入る。順位はつけられないが、高校1年の秋、前橋工業相手に10連続奪三振を取った時の、手元から放した瞬間にボールが30センチくらい浮くように見えた感覚。大学生の時、日本石油の社会人チームと戦った時の投球。そしてこの日のブルペンでの投球練習だった。

170キロは出ているのではないかと思った。200キロをめざそうと躍起になって投げていたら、ボールを放した瞬間、右脇腹に違和感が生じた。体のキレに脇腹がついていけずに、肉離れというわけだった。

結局、その次の登板は3週間空けてリリーフでの2イニングだけの登板となった。ブルペンで熱くなってみすみす25勝のチャンスを逃したのはまぬけだが、僕の200キロも幻の投球になった。

ちなみに当時の報道では「脇腹を痛めた」ということになっていて、嘘ではない。不要なブルペンでの投げ込みで体を壊したなんてチームにも言えないから、「ちょっと脇腹を痛めたようです」とだけ首脳陣に報告した。
「昭、黙っててくれ」と願いながら。

江川キラーに止められた記録

1981年の8月11日から10月11日までは、僕にとっては最長となる、65イニング連続被本塁打ゼロの記録を積み重ねていた。

66イニング目でホームランを打ったのは、中日の豊田誠佑《せいすけ》さん。プロ野球での豊田さんとの対決は、46打数で11安打、ホームラン2本、打率2割3分9厘で、まあまあ抑えている。2本しか打たれていない1本が、運悪く記録の更新を止めるホームランとなってしまった。

豊田さんは、数字で見る限りでは抑えているが、よく打たれた印象があった。ホームランを打たれた際の記憶も鮮明に残っている。172センチと、体は大きくないけれど、インハイのタイミングが妙に合う。もしかしたら癖を見抜いていたのかもしれない。豊田さんは六大学リーグのライバル明大で1学年下ながら、3年時の法政・明治戦での対決は8打数7安打とやっぱりよく打たれている。「江川キラー」とも呼ばれたらしい。

2リーグ制以降の連続被本塁打ゼロ最長記録は、1964年から65年の阪神、外国人ピッチャーのバッキー選手だという。その数なんと200。僕ら世代からすると王さんにデッドボールを与えて乱闘になった人という印象が強いが、すごいピッチャーだったのだ。

「江川が投げる時はがんばらないでいよう」

プロ野球球団は、優勝するとシーズンオフに家族同伴でハワイへの優勝旅行に出かける。81年に日本一に輝いた僕たちもそうだった。

プロ野球選手の契約期間は、2月1日から11月30日まで。シーズンが終わっても11月中は練習を続けたり、ファン感謝デーに参加したりと休むことはない。そして11月

30日に納会をして、12月1日から自由の身となる。12月はゴルフ三昧。その後お正月を海外で過ごしたりして、1月から自主トレを開始する人が多い。

僕の場合は、シーズン中は飲まないお酒を飲める、というのが12月からの楽しみだった。それとやはり、ゴルフ。現役9年間のシーズンオフの思い出はほとんど毎日ゴルフだった。シーズン中にもゴルフをしてはいけない決まりはなかったが、僕はやったことはない。1月31日に涙をのんでゴルフバッグをしまい、1年間の別れを告げる。

それからやはり僕も、年末年始は家族と海外に行くことが多かった。まだ東京ディズニーランドがなかった頃だから、ロサンゼルスのディズニーランドに連れていった思い出もある。年末特番や正月のサイン会によく呼ばれたが、「若手にまわしてくれ」と断っていた。現役中は日本で正月を迎えた記憶がほとんどない。

優勝旅行は12月に行われるが、ハワイに行って何をするかというとここでもやはりゴルフなのだ。選手たちはゴルフに行き、その間夫人たちは「お茶会」に集まる。

その時、うちの妻が河埜《こうの》和正さんの奥様から明かされた話では、僕の入団1年目に「江川が投げる時はがんばらないでいよう」という野手の間での決議があったらしい。

僕は何も言わなかったが、確かに当時、捕れるような球が捕れないという場面がよくあった。だからゴルフから帰って妻からその話を聞いた時は、やっぱりなと思った。お茶会で打ち明けあった夫人たちはみんなで大泣きになってわだかまりも消えたようだが、僕に対するチームの雰囲気もこの頃から変わってきた。あの「空白の一日」から3年が経ち、チームは日本一、僕も投手五冠という結果が出て、雪解けの頃合いだった。

ちなみに、1年目、捕れるような球を捕ってもらえなくても、全然平気だった。変な空気だなとは思ったが、「捕ってもらわないと勝てないじゃないか！」とは思わなかった。

高校の頃、ゴロをセカンドがトンネルして負けた試合があった。僕はその日の夜、親父に愚痴をこぼした。

「今日さ、エラーされて負けちゃったよ」

「馬鹿野郎！　お前が打たせたのにエラーしたからってそういう言い草があるか！」

親父の言う通りである。それですごく反省して、それからは味方のエラーを気にしなくなった。三振によりこだわるようになったきっかけでもある。それにエラーするのも野手だが、打って点を取ってくれるのもまた野手なのだ。

江川の10球

「江夏の21球」は有名だが、僕はひそかに「江川の10球」を唱えている。

1983年、プロ5年目の年。この年は肩を壊してシーズン途中から先発とリリーフの兼任となり、3セーブを挙げている。このうち1セーブが、江川の10球だ。

10月11日、後楽園球場でのヤクルト戦。勝つか引き分けで巨人の優勝が決定する試合だった。先発は西本。8回まで終わって7対4。3点リードで9回表の守備を迎えることとなり、投手交代の気配もない。僕と定岡はスパイクを運動靴に履き替えて、「これで終わりだな」「優勝だな」なんて話しながらベンチから試合を見ていた。

僕が見ていたのは、9回表、ノーアウト一塁二塁まで。中村稔コーチから急に「おい江川、行ってくれ」と言われてブルペンへ。「えー」と思いながら、スパイクに履き替え、グラブを持って、ブルペンへ向かった時、ランナーはまだ一塁二塁だった。

ブルペンに行って投げ始めたところで、歓声が聞こえた。ブルペンにいたから僕は直接見られなかったが、西本の投げた球は三遊間をライナーで抜けて、ノーアウト満塁になったのだ。

ブルペンの電話が鳴って「江川、交代だ」と告げられた。僕はこの試合で投げることになるなんて思ってなかったし、ブルペンに入ってからもまだ2、3球しか投げてない。これで肩が作れるのは、鹿取《かとり》義隆くらいのもの。投げられるわけがないと思ったが、先にも書いた通り、采配は絶対。リリーフカーに乗ってマウンドに上がることになった。

マウンドでは6球くらい投球練習をして、本番。キャッチャーの山倉がマウンドまで来たけれど、何を喋ったのか覚えていない。

初球、山倉からカーブのサイン。ストライクに決まったカーブをヤクルトの角《すみ》富士夫さんは見逃した。2球目のカーブはボール。3球目もカーブで、これはファーストゴロになり、1点を返された。7対5で2点差。

この登板、満塁だからホームランを入れられると逆転される。肩ができてないからストレートを投げるとホームランにされるのは予想できた。だから最初の3球はカーブを投げざるを得なかった。あとでこの投球は、ホームからセンター方向の強い風、いわゆるホームラン風が吹いていたからカーブを選んだのだと勘違いされたが、とんでもない。ただ、肩ができていなかったからだ。

カーブを3球投げたところで、肩ができた感じがした。

続くバッターは杉浦享《とおる》さん。ホームランバッターだ。1ボール2ストライクまでカウントを進めたところで、山倉のサインはインハイのストレート。「お前、それじゃあホームラン打たれて逆転だぞ」と思いながら投げたボールは、篠塚和典がセンター近くまで下がって捕球した。これでツーアウト。

山倉はさすがだ。ホームラン風のなか、杉浦さんへのインハイは普通ありえない。インハイのいいところにまっすぐが来れば、杉浦さんもホームランを狙って打ってくる。その打ち気を突いた策だ。ボール気味に入った球は、バットの芯よりも上に当たり、結果、あのフライになった。あと10センチ低ければホームランだっただろう。山倉はそろそろ肩のできあがった僕の球がどこに来るかわかっていたのだ。

最後のバッターは、4番マルカーノ。初球、2球目とファウル。

3球目は、横のカーブのサインが出て、その通り投げた、ボール気味に。ボールに取ってもいいコースだったが、曲がりがよかったからか、球審が勢いよくストライクをコールした。山倉がミットをうまく横に使って捕ってくれたのもあるだろう。

あとで映像を見返しても、ストライクではない。ただ、完全なボールでもない。球審がストライクと言ってしまうのも無理はない。

このことがあったから、以降、僕は「ストライク、ボールはアンパイアが決めること」という考えになったのかもしれない。野球は、そういうものだ。

優勝を決めたこの10球のうち、5球がカーブだった。

バースとの2年連続真っ向勝負

僕はバース（阪神）を得意としていた。バースとは83打数で3本しかホームランを打たれていない。彼はインハイが得意ではなかった。

1985年のバースは、シーズンの残り試合数があと2つというところで、すでにホームランを54本打っていた。あと1本で、王さんが残した当時の最多記録55本に並ぶ。しかも残りの2試合は、巨人・阪神戦だった。それで、巨人はバースを敬遠するのではという噂が流れていた。

残り2試合の1試合目に先発したのが、僕だった。

1打席目、レフト前ヒット。

2打席目はフルカウントからのフォアボール。

3打席目はサードファウルフライ。

僕は途中で交代して、4打席目はなかったが、すべての打席で真っ向勝負をしたということだ。調子は悪かったし、実際1打席目は打たれているが、いつも通り、打たせないという気持ちで臨んだ。同時に、歩かせる気もなかった。結局、2打席目は歩かせてしまったが、敬遠やアウトコース攻めを選ぶ気はなかった。

王さんの記録に並ばせてはいけないという空気や指示は、あったのかもしれない。けれど、僕は試合前に人と話さないから、チームがどんな気配でいるのかもわからない。ミーティングではそうした指示があったのかもしれないが、僕はミーティングも話半分でしか聞いていなかった。何があろうと勝負は避けない。山倉もその性格を知っていたからか、勝負を止められることはなかった。

そもそも僕は、タイ記録にあまりこだわらない。2本打たれなければ並ぶだけ、抜かされることはないという考えだから、プレッシャーもない。実際、バースの55号がかかる試合を投げた記憶は、人に言われるまで忘れていた。

ともかく、3打席の対決でバースの55号は防げたが、僕は5失点してチームは負けた。翌日の巨人・阪神戦ではバースの5打席中4打席がフォアボールと巨人は明らかに勝負を避け、バースが王さんの記録に並び立つことはなかった。

そして、翌年の1986年もまた、バースは王さんの記録を脅かしていた。

バースは6試合連続ホームランを記録し、王さんが持つ最多記録、7試合連続ホームランがかかっていた。そしてその試合でも、先発は僕だった。

今度は山倉にも釘を刺された。試合前に山倉がマウンドに来て言うには、「勝負しないように」ということだった。僕は「いいから勝負する。全部抑えるから」と返した。55号がかかる試合で勝負した「前科」があるから、やっぱり今回は止めなきゃダメだということだったのかもしれない。

この試合、自己ワーストの13安打を与えてしまい、4打席しか対決しないつもりだったバースに5打席目がまわってしまった。こんなに打たれて、どうして僕は代えられなかったのだろう。今でも不思議だ。バースが得意だったからか。

結局、バースの5打席目はホームランになり、7試合連続ホームランを記録した。

僕の勲章は、最後まで勝負を避けなかったこと。もし、85年に55号達成を阻止できなかったとしても、やはり勝負を避けることはなかっただろう。どんなにチームに言われても、「去年打たれたからやめておこう」などとは絶対に思わない。

乱闘の思い出

現代野球においてはメジャーでも日本でも乱闘を目にする機会はめっきり減ったが、僕の現役時代には何度も起こった。

乱闘は全員参加の「不文律」がある。乱闘があればブルペンにいるピッチャーも全員グラウンドに出ることになっている。基本的には相手チームを止めるのが目的だが、自分のチームで熱くなってしまう人を止めるということもある。

僕はバッターに当てにいったことはないから自分の投球で乱闘が生じることはなかったし、乱闘が起きた時もブルペンから向かっていたから決まって後ろのほうにいた。なるべくゆっくり向かって、「早く乱闘が終わればいいのにな」と思っていた。

僕の現役時代の乱闘は、ヤクルト戦が多かった気がする。

僕の引退後を見ても、ヤクルトのキャッチャー古田敦也さんはインコースのギリギリを使っていたので、バッターに当ててしまうことが多かった。しかも普通、1回当ててしまうと遠慮して外側に投げさせるものだが、古田さんはそれでもインコースギリギリを突くので、やっぱり当たることがあった。2回当たるとさすがに乱闘は免れない。

古田さんの場合はインコースの狙いがあっての事故だが、「ぶつけろ」のサインがあった球団もあるらしい。サインまでは用意していないのが普通だが、やっぱり自軍のクリーンナップが当てられると、誰に頼むでもなく報復の声が出ることはある。でも僕はそんな時も当てにはいかなかった。潔癖を自慢したいのではない。自分のフォームが崩れるのがいやだった。

というわけで僕自身は乱闘を好まなかったが、野球は真剣勝負だから熱くなって乱闘になってしまうくらいでいいと思う。

ちなみにメジャーで乱闘がほとんどなくなったのには理由がある。かつて乱闘が多かった時代を反省して、次章でも少し触れるが、今ではストライクゾーンがかつてよりボール1個分外にずれている。このこともあってメジャーではインコースを攻める意味がなくなり、結果的にデッドボールの事故も減った印象がある。

テレビが困った投球スタイル

「江川が投げる試合は短い」とはよく聞いた。

これは、生来のせっかちが理由だ。

1つに、キャッチャーのサインが出る前に勝手に投げることがよくあった。これはキャッチャーの山倉との信頼関係というか、僕が投げたいと思うボールと彼が出してくるサインがほぼ同じだったからできたことでもある。それでも、ヤクルトの梶間健一さんや安田猛《たけし》さんのほうが、もっと早く投げていた印象だ。彼らはキャッチャーからの返球を受けてすぐに投げていた。

そして、牽制もあまりしなかった。

また、無駄なボールを投げなかったこともある。「2ストライク取ったら1球外せ」とはコーチからも言われ、キャッチャーからもサインが出るが、ボールで1球増やすのは疲れるので嫌いだった。あくまでストライクゾーンで勝負すればいいという考えだ。ただ、2ナッシングから打たれるとバッテリーが罰金を取られるのがチームのルールだったから、打たれてキャッチャーに迷惑をかけてしまうことも多かった。

さらに、せっかちゆえに粘りの投球ができず、延長戦になることが少なかった。

結果的に、僕の試合は2時間よりも短くなることが多かった。当時の野球中継は7時から9時だったから、一度、テレビ関係者に言われたことには、僕の登板が一番困ったらしい。8時台に終わって、残りの数十分をＶＴＲで埋めなければいけないから大変だったそうだ。

中継がうまく組み立てられている競技は相撲だろう。相撲には時計係審判というものがいて、時計を見ながら行司に合図を出して、力士たちが何回仕切り直すかを調整している。早く進行していると力士は何度も塩をまくことになるし、その逆もある。時計係審判が「制限時間いっぱい」を調整しているわけだ。

野球はそんな調整がないから、かつてはいいところで番組終了ということが多かった。テレビ局に抗議の電話が鳴り、いつからか9時半までは放送延長の習慣が生まれた。また、試合終了が長引いて終電を逃す観客からの声もあり、6時試合開始へと変わっていった。今では野球は地上波ではなく配信で見るように視聴スタイルも変わってきたから、試合が短くても長くてもテレビ局の苦労は少ないだろう。

当時のヒーローインタビューでは「テレビで見る人のために9時までに試合を終わらせることをモットーにしていた」と言っていたが、自分自身が早く帰りたかった。完投したら僕の性格だからサクッと終わるし、打たれて交代したらしたで途中で帰れるから、長い試合の記憶があまりない。

早く帰りたいせっかちな性格は、引退後にテレビの仕事を始めてからも変わらず、収録が終わるとスタジオから控室に戻らずにまっすぐ帰るスタイルを貫いてきた。そしてもちろん、長い収録は嫌いだ。

僕は「一発病」だったか？

僕は「一発病」と言われた。

三振を狙って危険なところに投げるから、当然ホームランのリスクもある。

また、三振もそうだが完投も目標にしていたから、「打たれてもいいと思って投げる」と言えば語弊があるが、打ちそうなバッターと打ちそうにないバッターだと、当然自分のギアも違ってくる。余力を残しながら投球するために、「ヒットはあげてもいい」という感覚の打席があるのだ。その時に相手バッターの調子がよかったりすると、ホームランを打たれるということだ。

プロ初登板でラインバックに逆転スリーランを打たれた時から外国人に打たれるイメージもあったし、今言った理由で下位打線に打たれることもあったから、思わぬところで一発を打たれる「一発病」のレッテルを貼られたのだろう。怒っていないし、こたえてもいない。なるほど、マスコミはうまい表現を作るな、という感想だった。

僕自身は、都合のいい性格なのか、あまり打たれた記憶はないものの、今になって数字を見るとかなりホームランを打たれている。

まず、1982年の被本塁打36は、その年のリーグ最多かつ、今にいたるまで巨人の投手としては歴代最多。

85年は肩を壊して防御率5・28。ホームランも34本。普通、これでは先発ピッチャーはできないが、それでも11勝7敗。バッターがいかに打ってくれていたかがわかる。

ちなみに36本もホームランを浴びた82年は奪三振もリーグ最多の196個。確かに人が言うように、三振かホームランという野球だった。

連続被本塁打を見ていくと、1年目の9月、大洋戦で5番マーチン、6番山下大輔さん、7番田代富雄さんの3者連続ホームランで4回途中でKOされた試合がある。3者連続はさすがにこれだけだが、2者連続はプロ9年間で10回もある。

普通そんなにホームランを打たれるなら、打たれるところに投げるのをやめるだろう。それなのに危ないところに投げるなんて……。やめられないのだ。ポーカーフェイスを装いながらも、カッとなりやすい性格だから、打たれると余計に危ないところを攻めていた。そしてそこを狙われていたのだろう。

調子が悪い時も変わらずインコースに投げるし、打たれたら打たれたでやっぱり「この野郎！」となって、調子が悪いのにますますインコースに投じてしまう。キャッチャーの山倉も、僕の性格を知っているから、インコースを打たれたからといって安全なアウトコースを要求したりしなかった。

そもそもなぜムキになるかというと、「自分のミス」だとは思わないからだ。失投を打たれても「そうだよね、ミスしてんだもん」と思えるが、僕はストレートやインコースに自信があったから、打たれたことで湧き上がる敵意が大きい。

当時はそんなに打たれていないつもりだったが、数字を見ながら振り返ってみると、一発病と言われた理由がよくわかる。

僕が出る巨人戦はホームランが見られる試合だから、相手チームのファンにとっても楽しい試合だったのではないだろうか。

デーゲームが苦手だった理由

特に僕がホームランを打たれたのは、デーゲームだった。現役時代にデーゲームは30試合を経験し、12勝12敗。防御率は4・98でホームランは41本も被弾した。単純計算で考えても、江川卓先発のデーゲームに来れば、最低1本はホームランが見られるというわけだ。

デーゲームの成績が特に悪かった理由は、ナイターで照明のもとでやるよりも、昼間、太陽のもとでやるほうが、バッターにとって球が見やすい、というのがまず考えられる。変化球を多彩に投げ分けるピッチャーならまだしも、僕のような速球派にはデーゲームは向かない。

もう1つの理由として、おそらくこちらの理由のほうが大きいが、そもそもデーゲームでは僕の体調が本調子でないということがある。今でこそ土日はデーゲームになっているが、当時はナイターが多く、デーゲームは例外的な試合だった。それでデーゲームに体を慣らすというのが難しかったのだ。

また、デーゲームが開催されるのは、地方での遠征試合。前日に入って翌日に調子を合わせるのが難しいだけでなく、そもそも僕は飛行機が苦手だ。

これは飛行機が苦手な人だけが共感してくれる感覚だと思うが、近いうちに飛行機に乗るということ自体が心的負担になる。地方遠征は前日に飛行機で現地入りし、2日間デーゲームをして、翌日また飛行機で帰る。中2日での飛行機は僕には酷で、地方遠征1週間前から気分を悪くしていた。

ちなみに僕の飛行機の苦手意識はすさまじく、引退後、とあるテレビでのキャンプ取材の仕事を断ったことがある。大きい飛行機ならまだ安心だが、小さい飛行機は無理。沖縄キャンプを取材した後、飛行機で宮崎キャンプに移動するという話だったが、沖縄・宮崎間の飛行機を調べたらとても小さいものだった。

それで断ったら、「どうしても行ってもらわないと困ります」と言うから、僕はフェリーでの移動を提案した。フェリーだと途中の島にも停泊するから1日半かかるということで、向こうはどう出るかと思っていたら、「まいりました」と言われてその仕事はついに受けずに済んだ。

少し話は逸れたが、デーゲームを苦手としていた理由として、ほかにも、地方球場のマウンドに慣れなかったことも考えられる。

まとめると、デーゲームに体調を合わせるのが苦手で、ストレートがよく伸びずに見切られたということだろう。

「当時の巨人が地方遠征を減らしていったのは、江川がデーゲームに弱かったから」という都市伝説があるらしいが、これは否定しておきたい。地方球場は満員でも1万5000人から2万人ほどしか入らないのに対し、後楽園球場では約5万人が入り、毎試合満員だった。本拠地開催を増やしたのは、興行的な理由からだと僕は聞かされている。何より、僕ひとりのことが球団の経営方針に影響を与えるはずがない。

苦手だった球場

僕は神経質というか、地方遠征であれば前夜からベッドの硬さやら何から何まで気になったことも、デーゲームを苦手とした理由だろう。

デーゲームに限らず、やはりホームゲームが最もやりやすく、現役通算135勝のうち約80勝は後楽園で挙げている。横浜も、自宅から車で行けるので得意としていた。カープの本拠地だった広島市民球場（当時）はその名の通り、昼間は市民の方が使っていたから、いくら試合前に固めていてもマウンドが掘られた感覚が残り、気持ち悪かった。僕はどうしても足を着く時にマウンドが掘られるのがダメだった。

神宮球場は大学野球の時は問題なかったが、プロになってからは大いに苦手にした。マウンドが低い位置にあり、どうしても打席へと上に向かって投げるような感覚がある。ストレートにうまく力が入らなかった。

統一される前の公式球もそうだが、球場にも各球団の個性がある。当然だが、自軍のエースピッチャーが投げやすいようにマウンドも調整されている。敵地をものともせずに投げられるピッチャーは素晴らしい。

苦手だったバッターは誰？

本書のここまでで、深く語れていない方で、僕が苦手とした名バッターたちを、ここで一挙に紹介しておこう。

まず、3連続被弾の際、大洋の6番バッターだった山下さん。この人はストレートを内外に投げ分けても、カーブを投げても、何をどう投げてもタイミングを合わせられた。山下さんが出てくるたびに、もういやだと思ったものだ。

1982年10月9日の大洋戦は、巨人の優勝の可能性がかかる一戦だった。その時、僕は肩を痛めており、「投げたくありません。山下さんがいるので、責任が持てません」と藤田元司《もとし》監督に直訴したものの、先発登板を命じられた。

結局、山下さんを含む3人のバッターにホームランを打たれた。山下さんにはレフト線に打たれたのを覚えている。巨人は敗れ、優勝を逃した。

2人目は、当時阪神だった加藤博一さん。この人も衣笠さんと同じように、よくデッドボールをくらうバッターで、というのも、もうほとんどベースの半分ほどに体が乗るくらい、上半身が前に出ていたからだ。

年上なので、「出すぎだ」なんて注意できるわけがない。しかたがないから外側に投げ、やはりホームランを打たれた時があった。その1本で新聞では「江川キラー」ということになり、「江川キラーにはある程度打たれないと」なんて気持ちも起き、その後もよく打たれる相手になった。

3人目は山本浩二さん（広島）。浩二さんには相当打たれた。

浩二さんは法政の先輩。ネクスト・バッターズ・サークルから打席に入ってくる時に、「目」で圧をかけてくるのだ。根拠はないが、「外にカーブ投げんじゃねえぞ」と、いつも目で訴えてきた。構えは明らかにインコース高めを狙っていたが、後輩の僕としてはそこに投げるしかない。案の定、打たれまくった。

浩二さんとの対決では、一度実験したことがある。「実験」なんて言うと浩二さんに怒られるが。巨人が大きくリードしていた時に、インハイを10球以上投げ続けた。ストライクゾーンに入ったものをすべて振ってきて、そうでないものは絶対に振らなかった。3ボール2ストライクになって、インハイをひたすらファウルで粘ってくる。11球目に快音が響き、レフトスタンドへのホームランとなった。

打たれたが、気持ちのよい対決だった。さすがに11球連続でインハイストレートを投げたら、確実にホームランにしてくるのだ。脇を締めて打つのが本当にうまいバッターだと思う。

僕はアメリカ留学時代、ドジャースのピッチャーが、ヤンキースの強打者レジー・ジャクソンを相手に10球くらいインハイのストレートを投げ続けたのを見ていた。それで、いつか自分もやってみたいと思っていたのを、浩二さんを相手にやったのだ。いつか見たピッチャーは見事三振を奪っていたが、僕はホームランを打たれてしまったわけだ。

引退して解説で一緒になった時、浩二さんに聞いたことには、ピッチャーを通常より3メートルくらい前に立たせ、インハイだけを投げさせたのだと。浩二さんは、ボール球は打たずに見極め、ストライクは打ちにいくという練習を何度もしていたらしい。

「俺は練習やったのよ。お前のために」

「もっと早く言ってくださいよ」

「馬鹿かお前は。現役の時に言ったらお前、直しちゃうだろう」

それは正しい。浩二さんが僕のインハイを想定した特訓をしていたと知っていたら、もっとインハイ以外を投げてみたり、タイミングをずらしてみたりと、僕もなんらかの対策をしていただろう。

牽制しない理由

バッターとしては申し訳ないが意識していなかったものの、ランナーとして苦しめられたのは同じく広島の高橋慶彦《よしひこ》さんだ。

高橋さんに言わせると「江川さんは超一流のバッターには本気を出すんだけど、僕には本気を出してくれなかった」ということだが、これは勘違い。僕は高橋さんに対しては、高橋さんなりの本気を出している。

先にも書いたが、完投をするためには全員に剛速球を投げるわけにはいかない。緩急をつけ、体力を残す必要がある。

高橋さんは1番バッターということもあり、速いボールはカットして、粘って塁に出るイメージがあった。それに対して、インコースに入ってくるスライダー気味のボールは苦手な印象があった。だから僕は高橋さんに対しては、速球よりもスライダー気味のボールを中心にして投げていた。これが真相だ。

これは掛布から聞いた阪神での話で、高橋さんの話題からは少し逸れるが、平田勝男さんがベンチに戻ると、掛布に「今日の江川さん、ボール速くないです」と伝えることがよくあったそうだ。それで掛布が打席に入ると、そんなことはない、今日も速いぞということになる。これも理由が同じで、平田さんに投げるのと掛布に投げるのとでは、そもそもボールの性質が違うのだ。

高橋さんはちょうど僕の現役時代に3回も盗塁王に輝いている。僕は高橋さんに打たれることは多くなかったし、実際、三振を奪ったことも多いが、塁に出られるとやはり盗塁されていた。高橋さんは僕が牽制しないと知っていたし、多分、僕がたまに牽制しようとすると癖を見抜いていたと思う。

ただ、走られはしたが、走られた記憶はない。意味不明かとお思いの読者もいるかもしれないが、僕はそもそも牽制するつもりはなく、「塁に出られたのならセカンドまでどうぞ」の気持ちでいた。だから、意に反して走られた、してやられたという感想はなかったのだ。

僕はプロに入ってから、自ら進んで牽制をしたことはない。下手だからではない。自分で言うのもなんだが、本当は上手だ。高校の時はランナーを刺したことも多い。ただ、プロに入ってレベルが上がっていくと、バッターへかける意識の比重を上げたいから、ランナーに意識を向けるのをやめることにした。ランナーが出ても、その後のバッターを抑えればいい。

山倉はしょっちゅう、「もっと牽制してくれ」ということをマウンドに来て言ってきた。頼むから牽制してくれないかと言うから、俺は無理だからと返すと、コーチに言われるからとりあえずしてくれと。それでしょうがなしに牽制することはよくあった。

いやいやする牽制だから、山なりの、ホワンとした球しか投げない。だからあまり牽制の効果はなかった。そんな人はなかなかいないと思うが、牽制のサインに首を振ったこともある。

中畑さんにはやる気のない牽制を非難されて、それならと思い、剛速球の牽制球を投げたこともある。中畑さんは腰が引けて捕球できずに、ランナーは三塁へ。結局、中畑さんのほうが藤田監督に怒られることになった。

あのホームランは小早川さんが素晴らしかった

１９８７年、引退の年。

プロ4年目に肩を痛めて以来、変化球を多く織り交ぜる投球に変わったが、前年から１００球肩が一気に悪化し、6回くらいからスライダーが曲がらずに抜けるようになった。回転がかからずに抜けていく、その恐怖感はいまだに残っている。今でも夢で見るくらいだ。

翌年の88年は、東京ドームもできて、自分としても現役10年目の年になる。プロに入った時の目標は、10年・１００勝・１０００奪三振だった。１００勝と１０００奪三振はすでに達成していたが、10年は88年にならないと届かない数字なので悩んでいた。

体はすでにボロボロだが、ここでやめたら目標を達成できない。当時の野球解説者たちは監督やコーチ経験のある50代以上ばかりで、引退後に自分が解説者として食べていけるとも思っていなかった。

それでも、気持ちにふんぎりをつけて、この年でダメならもうやめようと決めていた。5月には家族と食事に出かけて、引退する可能性も伝えていた。

引退を決めたのは9月。広島の小早川毅彦《たけひこ》さんに打たれたホームランが決定打になった。調子を戻したと思えた試合で見事に逆転サヨナラホームランを打たれたことで、もうこれでは理想の江川卓ではいられないと思い、ユニフォームを脱ぐことに決めた。

当時のメディアにもその通り伝えた。

「江川を現役引退に追い込んだ男」として、小早川さんは長年、申し訳なさを感じていたそうだ。

達川光男がソフトバンクのヘッドコーチだった時に、ソフトバンクへ取材に行くと、小早川さんも来ていた。僕は達川に連れられて小早川さんと話す機会を得た。それまでは挨拶程度しか交わしたことがなかった。その場で、

「あれはすごくいいボールだったんだよ」

と僕は言わなくてもいいことを言ったが、続けて、

「素晴らしい打ち方をしたね」

とも伝えた。素直な気持ちを伝えたつもりだ。

あとで小早川さんがどこかで「30年間の気持ちがすっと晴れた」と言っていたのを伝え聞いた。僕としては小早川さんが責任に感じる必要のない話なので、とにかく話せてよかったと思う。

最初で最後の押し出し

1987年は、小早川さんに打たれるより前に、これは引退するしかないというふがいない記録を残している。

7月31日の阪神戦。2回に、プロでは最初で最後となる押し出しを経験した。ピンチの場面でボール球を投げないよう、投手はブルペンで3ボール2ストライクのカウントを想定して何度も投げるものだ。こうした練習をしておけば、試合で追い込まれても変にどきどきせずに練習と同じように投げられるようになる。

今では特に、広島カープはそういった練習をしっかりやっているのではと思う。というのも、キャッチャーの會澤翼さんはフルカウントの状況で、ミットをボールゾーンではなくてインコースのストライクゾーンギリギリに構えている。そこから推察するに、これはブルペンでも同じことを練習しているなと思うのだ。

話を戻すと、満塁の場面、押し出しの不安を感じるのは、コントロールに自信のない者だけだ。絶対にストライクゾーンに投げられる自信があれば、打たれる不安はあっても、押し出しの不安はない。

肩を痛めてストレートの球威が落ちて以降も、コントロールを売りにしていた僕からすれば、あの場面、絶対に押し出しはありえなかった。結果的に真弓さんにフォアボールを選ばれたことは、1年目の9勝10敗くらいこたえた事件だった。僕を引退に追いやった「真の男」は、真弓さんかもしれない。フォアボールを選ぶくらいなら、打ってくれればよかったのに。

引退を決めた時、まだまだ技巧派としてやれたのではという声は多かった。僕はたとえ技巧派としてそこそこ生き残れたとしても、それは自分の理想とする江川卓の姿ではないと言った。だが、「初めての押し出し」からもわかる通り、コントロールだってすでに限界だったのかもしれない。

現役最後の試合はひっそりと

小早川さんにホームランを打たれて以降のペナントレースの内容はほとんど覚えていないが、最後の登板は最終戦10月18日の対広島だった。日本シリーズに向けた調整登板で、先発の西本から僕、桑田真澄さん、鹿取義隆、サンチェと継投した。

西武との日本シリーズは、後楽園での第3戦に先発。シーズン中より肩の調子がよく、ボールに速さはなかったが、コントロールがよかった。コントロールだけを頼りにした試合とも言っていい。

実際、失点は2点に抑えられているし、その2点はどちらもソロホームランだった。8回まで投げてヒットはこのホームラン含めて4本だけだ。

6回に打たれたこの試合2本目のホームランは、石毛宏典《ひろみち》さんに打たれたもの。この打席の内容だけは、細かく覚えている。膝下のインコースギリギリのいいところに投じたボールがホームランにされた。8回までマウンドを降りたが、その最後のバッターも石毛さんだった。

チームは1点しか返せず、1対2で敗戦。

僕は黒星で現役を終えた。

第2章

投球の秘密

ストレートの握りはなんでもいい

僕のストレート（フォーシーム）は、一般的な握り方とは逆だ。言葉で説明するのでは伝わりにくいだろうから、写真（図①）を見てほしい。縫い目が弧を描いて広がるほうを中指側にする一般的な握りに対して、僕の握りは左右反対というか、人差し指側が弧になっている。

一般的な握りがなんでこうなるかというと、中指は人差し指よりも長いので、縫い目が膨らんでいくほうを中指に合わせれば、中指、人差し指ともに指先が縫い目にかかるというわけだ。

僕はなんで逆にしたかというと深い理由はなく、一般的な握りだと気持ちが悪いというか、たまたま反対のほうがフィットした感じがしたからだ。

一般的な握りよりも、僕の握りのほうが引っかかりがないとも言える。僕は小学校1年生の時から川で石投げをしていて、石を風に乗せるための投げ方を身につけていた。それが引っかけないで押し出すというイメージなのだが、そのためボールもこの

図①ストレートの握り

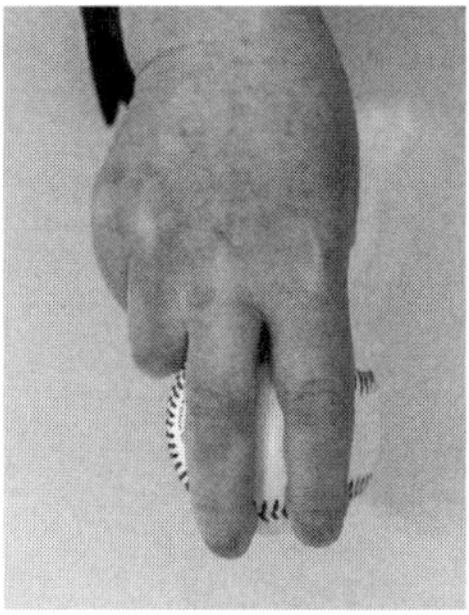

一般的なストレートの握り

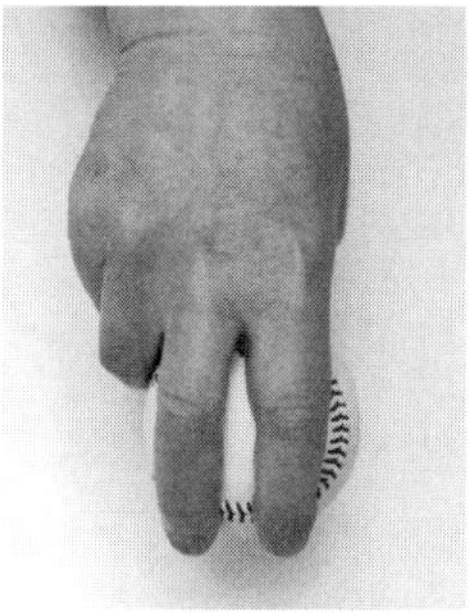

江川流ストレートの握り

上から見て、一般的な握りと左右反対になるのが江川流ストレート。指先が縫い目に引っかかりにくくなる。（筆者実演）

ように特殊な握り方になったのだと思う。

もしこの本を読んでいる人で、野球をやっていて、これまでは教科書通りに握ってきたけれど、なんだかしっくりこないという人には、握ってみて自分が気持ちいいポイントが正解だと言いたい。教科書通りの握り、僕の握り以外にも、それぞれの手に馴染む握りがあるだろう。

まとめると身も蓋もないのだが、自分の感触を信じて握り方はなんでもいい、というのが僕の理論である。

ストレートの秘密

僕はマメができたことがない。ただ、ほかにマメができたことがないという選手を聞いたことはない。マメを理由に降板というのは、よくある話だ。

僕がなぜマメができないかというと、指を縫い目に引っかけないからだ。

これは（巨人の後輩である）斎藤雅樹に言われてあらためて気づいたことだが、僕の投げ方では、投げた後、手が正面を向いている。普通は縫い目にかけた指に力を込めてボールへ力を伝えるから、手首のスナップをかけるように、投げ終わった時に指は下を向く（図②）。

では縫い目に引っかからずに力が入らないから（ツーシームのように）僕のストレートは回転しないかというと、むしろよく回転しているから打てないストレートになったわけで、指の腹で滑らすというか、押し出すというか、そうやって回転させている。

これはやはり石投げで鍛えられたからできることで、石投げの経験がない人が真似してもボールは前に飛ばない。石投げで空気と空気の間を切っていく感覚をマスター

図②リリース後の指の位置

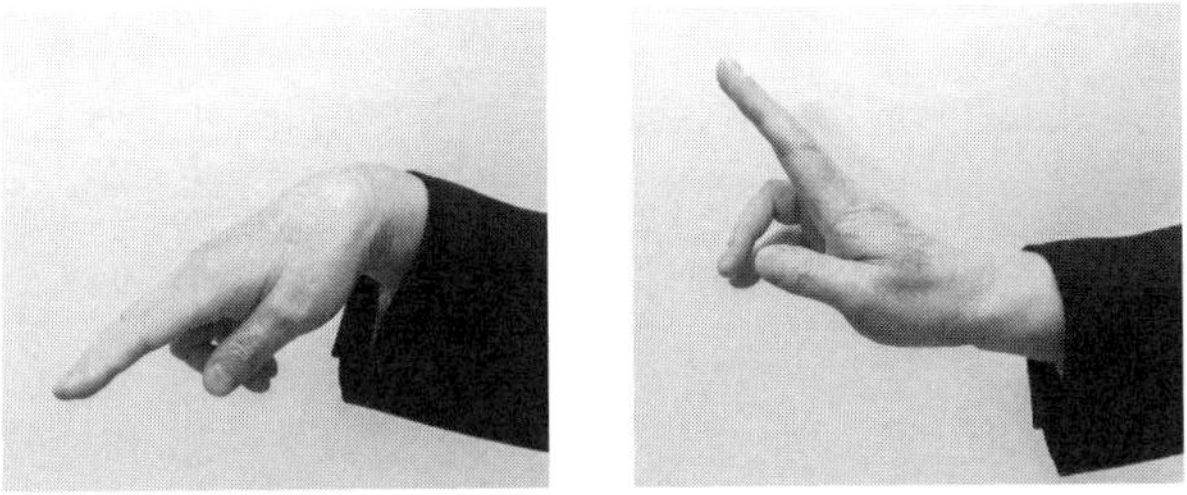

一般的な場合　　江川の場合

引っかけるように指先に力を入れる影響で、リリース後に人差し指と中指が下を向くのが一般的。対して江川の場合は、引っかけずに腹でなでるように投げるので、2本の指が立っている。なお、写真はわかりやすさを狙って大げさに演じている。（筆者実演）

したからできた投げ方だが、この独特な握り方・投げ方が、落ちずに一直線にミットへ吸い込まれるホップするストレートを生んだのは確かだろう。

ちなみにピッチャーは「マメを固める」などと言ってマメに対処しているが、僕自身はマメになったことがないからどうやっているのかよく知らない。現役時代、同業者はみな僕のきれいな手にびっくりしていた。どうやら普通は、キャンプのうちに投げ込んであらかじめマメを作っては潰しておき、皮膚を硬くしているということらしい。

また、変化球は引っかけるからどうして

もマメができやすいので、ストレートで空振りが取れるピッチャーは、変化球の数を抑えるのがいいと思う。ロッテの佐々木朗希投手は、バッテリーを組むキャッチャーの松川虎生《こう》選手ともども若いこともあって、「打たれたくない」という気持ちが先行してフォークボールを投げすぎている印象がある。

よいストレートとは?

僕のように回転数が高いストレートは、バッターが空振りする可能性も高いが、当たったらすぐホームランになるというリスクもある。だから同時にコントロールが求められる。キャッチャーが構えたところに吸い込まれるように伸びていくストレートが、僕が理想とするストレートだった。

バッターに恐怖を与えるボールを投げたい。バッターが「しまった、打ち損じた」と思うようなボールでは、恐怖にならない。それはバッターのミスであり、ピッチャーの勝ちではないからだ。空振りを取ってこそ、バッターが「絶対に打てない」と思う、ピッチャーの勝ちになる。だから僕は、ストライクゾーンで直球勝負をするのを理想としていた。

これに関連して、40年以上前にメジャーのピッチャーが、ストレートと同じ速球でもツーシームを投げ始めた頃、彼らが日本に来た時に話した内容を覚えている。ツーシームを投げれば、フォーシームよりも沈む軌道になる。バッターはボールの頭を叩くことになるので、内野ゴロになる。ゴロで打ち取れるから、結果的に球数を抑えられると彼らは言った。

僕は「それはそうかもしれないが、ツーシームでは自分の狙ったところにボールがいくかどうかはわからないじゃないか」と言った。ストレートで自分の狙ったところにズバリ、ボールがいってこそ、ピッチャーが仕事をしたと言えるのではないか。

それだと球数がかさむというのが向こうの反論で、僕はストレートで3球空振りさせればいいのだとなおも主張したが、「バットにかすらせないのがピッチャーの使命」の時代は終わるだろうということを向こうが言い出して、お互い譲らなかった。

時代は変わって今は日本でもツーシームが多用されていて、それを悪いこととは言わないが、思ったところに絶対に直球がいくというのがピッチャーの仕事だと、僕は今も思っている。まあ、僕のような考え方は言ってしまえばオールドベースボールなのかもしれないが、オールドベースボールがニューベースボールを育てたのもまた事実だ。

ここで僕の未来予測を披露しておこう。予言が当たるかどうかは、10年、20年のスパンで読者の方にも見守っていてほしい。

ツーシームを投げるピッチャーが増えると、バッターは普通に打つとバットの下に当たってゴロになってしまうから、当然「バットを下から出そう」という意識を強める。バットを下から出してくるバッターが増えれば、今度はバットの上をいくフォーシームを投げる投球スタイルが戻ってくるだろう。実際、現在、20勝近くしているエース級のピッチャーはフォーシームも多く投げている。

つまり、かつてのフォーシームの時代から現在はツーシームの時代になったが、将来はまたフォーシームの時代になり、さらにまたツーシームの時代になる、ということを繰り返すのではないかというのが僕の想像だ。この予想が当たるかどうかを占う頃には、僕はもう野球解説をしていないかもしれないけれど。

さて、バッターがわかっていて空振りをするのはよいストレートだが、バッターが思わず見逃すストレートもよいストレートだ。いずれにしても、ストレートに力がないとできない技だし、いい球であるだけでなく配球も重要になってくる。

配球はキャッチャーのサインだけで決まるものではないのは、あまり知られていない。キャッチャーが出したサインに対して、その上でストライク気味に投げるのか、ボール気味に投げるのかはピッチャーが決める。

ど真ん中ではない限り、キャッチャーはストライクゾーンのギリギリに構えるので、バッターの性格やイニングの状況、アンパイアの裁量などいろんなデータを頭に入れた上で、ボール半個分程度、ミットからどちらに寄せるかは僕が決めていた。

実は肩を痛めて変わった投球フォーム

投球フォームは、握り方同様、好きなようにすればいいと思う。活字でフォームを解説するのは難しいし、その人その人を見てみないと確かな助言は与えられないが、ただ1つ言えるのは、「遠投時に無理のない投げ方がその人に合った投球フォーム」ということだ。

好きなように投げるというのは、自分が憧れるフォームで投げるということではない。自分の体に合ったフォームを探すということだ。3章で詳しく触れるが、僕が巨人時代に見てきた中でもたとえば三本柱の一角、斎藤雅はフォームを変えて劇的に成長した。

僕自身の投球フォームの特徴でいうと、まずヒールアップが挙がるだろう。ヒールアップは、左足を上げた際に軸足となる右足のかかとも上げることとなのだが、体のバネを活かすために自然とこのような投法になったのだろう。疲れるしバランスが崩れるというデメリットもあるが、今では巨人の大勢《たいせい》(登録名。本名・翁田大勢)投手などがヒールアップ投法だ。

中学生になってピッチャーを始めて、僕自身は意識していなかったが、まわりにヒールアップを指摘された。僕としてはヒールアップのほうが球速も上がるし、デメリットで言われるようにバランスを崩すこともあまりなかった。プロになってからも若いうちはヒールアップだったと思う。

ヒールアップははっきり言って勧めない。やっぱりすごく疲弊するし、コントロールも乱れる。年齢を重ねてからは僕だってヒールアップはもうできなかったし、ちなみにランナーがいる時もヒールアップしていたら走られてしまう。あまりいい投法ではない。

また、僕の基本は大きく振りかぶるワインドアップで、ランナーがいる時はセットアップという使い分けだったが、最近は常にランナーがいる時のようなフォームで投げる人が多い。自分がワインドアップを選んでおいてなんだが、確かにフォームはなるべく変わらないほうがいいから、常にセットアップのほうがいいかもしれないとも思う。ストレートの投げ方同様、江川は真似るなということだ。

あまり指摘されることがないが、実は僕のフォームは途中で大きく変わっている。肩を痛めるまでは右手を振り下ろす時に左手を体に引きつけたフォームだったが、肩を痛めてからは左手はどんどんと下げるようになった。左手を体に引きつけて球速を増しているが、肩を痛めてコントロール重視になってからはそれをする必要がなくなったのだ。

ちなみに僕が一番最初に肩を痛めたのは大学2年生の時。右肩を剥離骨折して、オゾン注射を続けながら投げていた。巨人に入った頃には治った肩だが、プロ4年目の夏くらいにまたも痛めた。内視鏡が入らないからすぐには治せないと医者には言われたが、当時は休んで投げられる時代ではなかった。痛いままに投げて肩をどんどん壊していく。

最後は鍼《はり》治療に頼った。最初は2、3本だった鍼が最後は16本くらいになって、それでも痛みが消えないようになった。横になっても痛くて寝られない。1984年のオールスター第3戦で8連続奪三振を挙げた日は、なぜか全然痛くない、神様がくれた一日だった。このまま以前の僕に戻れるかとも思ったが、次の日からはまた眠れないくらい痛かった。

ピッチャーは利き腕を守らないといけないが、僕は痛い右肩をあえて下にして、痛みを抑えて寝ていた。

それは引退するまで続いた。

ポーカーフェイス派と演技派と激情派

バッターが一番見ているのは、ピッチャーの表情だ。投げてからは球を見るが、それまでは表情を主に見ている。感情をむき出しにしてはすぐに伝わるし、演技をしても見破られることもあるだろうから、調子がよい時も悪い時もポーカーフェイスを貫くのがいい。現役時代は感情を顔に出さないようにしていた。勝った時も、喜ばない。まあその僕でも、一度や二度はガッツポーズをしたこともある。それについては1章で話した通りだ。

バッターも、同じくポーカーフェイスを貫く者、感情を出す者、そして演技する者といろいろいる。最高に騙されたのは、野村克也さん（南海、ロッテなど）だ。

野村さんの現役最晩年（1979年〜80年の西武時代）は、僕のプロ1、2年目と被っている。僕は西武とのオープン戦で、野村さん相手に投げる機会があった。

打席に入ってくるところからバットを構えるところまで見て、僕は野村さんには打ち気がないと判断した。それで1球目にインコースのストレートを投げたら、いい音が鳴ってレフトライナー。野村さんはキャッチャーをやられていて、心理戦にも長けていたから、なるほどすごい演技派だと思った。打ち気を隠して相手を誘い込む。それでホームランを通算657本も量産できたのだろう。たとえるなら、忍者だ。

何を考えているのか、僕が唯一読めなかったバッターが野村さんだった。その野村さんがわからなかったと言っていたのが巨人の長嶋さんだったから、間接的に長嶋さんのすごさまで思い知らされた。

ほかの例も紹介しておこう。

衣笠さんは、野村さんとはまた違った理由で難しかった。衣笠さんは、陽気に打席に入ってくる。やはははーって笑いながら、ニコニコして入ってくる。わあ、この人はいい人だなと思わずマウンドで思わされる。どうしても、衣笠さんの得意とするアウトコースに、1球は投げておかないという気持ちにさせられる。それで衣笠さん、嬉しそうにアウトコースをヒットにする。こちらはしまったというわけ。

ピッチャーにもいろいろいる。星野仙一さん（中日）はマウンドで感情をあらわにするタイプだったし、現代ではマー君（田中将大《まさひろ》・楽天）もけっこう感情的だ。逆に涌《わく》井秀章《いひであき》投手（中日）はポーカーフェイス派。僕が現役時代を知る選手だと、巨人の先輩である加藤初《はじめ》さんはチーム内でも「ポーカーフェイス」と呼ばれていた。「はっつぁん」と呼ばれていた初さんは、ノーヒットノーランを達成したこともあるほどで、感情を抑えて冷静でいられる人だった。

結局のところ、僕はどんなことについてもそう言うが、それぞれが自分に合ったやり方を選ぶのがいいと思う。

僕のポーカーフェイスは、長嶋さんに注意されたこともある。長嶋さんはすごい。空振りしてヘルメットを飛ばしたり、ミスして「わーっ」と騒いだり。そんな長嶋さんだから、僕も「もっと感情を表に出せ！」と言われた。

ポーカーフェイスの利点は感情を読まれないだけでなく、怖そうに感じるというのもある。僕は登板の日はチームの誰とも、記者とも喋らないで、じーっとしていた。チーム内も異様な空気になって、それが相手チームにも伝播する。そういう怖さだ。仲がよい記者は、僕がおしゃべりなのを知っていたが、せっかくできた怖いイメージを壊したくないから、僕の人柄は人に言うな、広げるなと思っていた。

アンパイアとの駆け引き

ピッチャーの振る舞いは、ストライクゾーンにも影響する。

ここで長嶋さんの現役時代のエピソードを1つ。ある時、2ストライクからど真ん中に来たボールに対し、打席の長嶋さんが「ボール！」と言った。それを聞いて思わずアンパイアも「ボール！」と宣告。長嶋さんがボールと言うんだからボールなのだろうとアンパイアも思い込まされたわけだ。

このエピソードに対し、世間では賛否両論があるが、僕はこれも野球の面白さだと思う。アンパイアの判定は絶対だが、アンパイアを巻き込むようなプレーヤーになればいい。

僕は現役時代、不服な判定には表情や手振りでリアクションした。

毅然とした態度で睨んでくるアンパイアもいれば、「あ、間違っちゃったな～」という表情を見せるアンパイアもいる。それで、次のギリギリのボールがストライクになることがある。

バッテリーにとって一番困るのは、判定に個性があることではない。ストライクを狙ってボールになることでもない。試合中にストライクゾーンが変わることだ。それまではストライクだったはずのコースが、大事な局面でボールと判定されてしまうと困る。

1982年5月30日のヤクルト戦では、大杉勝男《かつお》さんに投げた球が、思いがけずボールに取られることがあった。それで思わずマウンドを降りてしまった。そのまま球審の岡田さんのもとへ向かったから、岡田さんは抗議だと思っていただろう。なんだという顔をされた。

僕はその頃には冷静さを取り戻していたから、「ボールですよね」とだけ言ってマウンドに戻った。マウンドを降りる行為は、審判への抗議であり、これは本来よしとされることではない。だから僕は、マウンドを降りてしまった時点で、岡田さんを刺激しないようにしたのだ。

22年の4月24日の対オリックス戦では、ロッテの佐々木朗投手が白井球審に詰め寄られる場面が話題になった。彼が具体的にどのようなことを言ったのかはわからないが、確かにマウンドを出てしまっていて、おそらく白井球審はそれを抗議の姿勢と捉えたのだろう。どちらがやりすぎだったかは、当事者ではない僕には判断できない。

経験者としては、マウンドを降りないよう注意することを勧めたい。マウンドの中からアンパイアを巻き込めるピッチャーに成長してほしい。

かなわないと思ったピッチャー

僕がプロに入る前、この2人の記録は絶対に抜けないから追うのはやめようと思ったピッチャーがいる。

1人が金田正一さん（国鉄）。現役最後は巨人で過ごされ、通算勝利数をぴったり400勝とした。20勝を20年しないと届かない数字だから、まず並ぶことはできない。僕はなんだかんだ20勝には一度しか到達してないので、これを20回はまず無理だと、20勝を挙げた1981年にあらためて思った。

金田さんは何がすごかったというと、ストレートも速かったが、カーブも曲がりが大きくて、コントロールもよかった。体力・気力も含めて完投能力があったので、大記録につながったのだと思う。僕はちょうど21歳の時に教えていただく機会があり、体の柔らかさ、しなやかさの重要性を力説されていたのが印象的だ。

その金田さんが最も重要だと言っていたのが、食事だった。食事をおろそかにする人間は、絶対に一流のピッチャーにはなれんぞということを教えられ、それから僕は食事を非常に気にするようになった。具体的には、キャンプではホテルで出るご飯だけでは栄養が足りないという話だった。ホテルの食事にプラスして自分で食べに行けということで、キャンプ地だった宮崎ではいろんな外食先を開拓した思い出がある。

よく食べてよく寝るというのは考えてみれば当たり前のことだが、その当たり前がなかなかできないということで、「巨人に来た時に長嶋や王を見て、これじゃいかんと思ってわしが言ったんや」というのが金田さんの自慢でもあった。そして、その金田さんに「ちゃんとやっているな」と褒められたことがあるのが僕の自慢だ。

敵わないと思ったもう1人が江夏さん（阪神、広島など）で、僕があと1で届かなかったオールスターでの9連続奪三振を成し遂げた方でもある。この江夏さんの記録では、68年に挙げられていた401奪三振というのがすごい。僕が一番取った年でも221だから、半分くらいにしか届いていない。

401奪三振ということは、40試合投げたとしても、毎試合10個の三振を奪うということで、とても追い抜かせるような記録ではない。しかもこの仮定はおかしくて、江夏さんが先発をされていた時代も、僕の現役時代も、そしてもちろん今も、年間で

40試合も先発するなんてできない（江夏さんの最多先発は1973年の39試合、ちなみに僕は80年の34試合）。毎試合10個の三振でも全然足りないのだ。

この2人以外で挙げるならば、巨人の先輩、堀内さんのカーブはすごいし、平松政《まさ》次《じ》さん（大洋）のカミソリシュートもすごい。山口高志さん（阪急）のストレートは受けた時は、地面から10センチくらいのところを飛んできたボールがストライクゾーン手前で浮いてきたという経験もある。

ほかにも、大魔神・佐々木主浩《かづひろ》さん（横浜）のフォーク、ソフトバンクからメッツ移籍の千賀《せんが》滉大《こうだい》投手のフォーク、山本由伸投手（オリックス）のスライダー、松坂大輔さん（西武）のスライダー、ダルビッシュ有投手（パドレス）のスライダー、稲尾和久さん（西鉄）、杉浦忠さん（南海）、山田久志さん（阪急）……。

魅力的な球種、投手を挙げるとキリがないので、金田さんと江夏さんを別格とする。

なぜコントロールが重要なのか？

結局、ここまでいろんなタイプの投手を認めてきたわけだが、それでもやはり特に重要な能力はコントロールだと思う。

どんなにうまいバッターも、普通、打つ軸は1つの軸しか持っていない。だからバッターは、インコースが上手な人、アウトコースが上手な人、高めが上手な人、低めが上手な人というふうにわかれる。どのコースも同じくらいの打率という人は稀だ。

そうすると、ピッチャーからすれば、相手バッターの特徴を押さえた上で、その人が最も得意ではないところに投げればいい。で、結局、そこに投げるためには何が必要かというと、コントロールだ。

ストライクゾーンは、狭いようで意外と広い。22年サッカーW杯カタール大会スペイン戦の三笘薫《みとまかおる》選手（三笘の1ミリ）じゃないが、野球の場合もラインをかすれば本来的にはストライクだ。稲尾さんは、球の縫い目だけがゾーンに残っていたということで、ストライクを取ったこともあるそうだ。

ギリギリのところがストライクになるかどうかは、ピッチャーのコントロールにかかっている。どういうことか。

アンパイアは「このピッチャー、コントロール悪いな」と思ったら、ギリギリのところは「狙いから外れたのだ」と判断し、ボールと判定する。逆にコントロールがいいと思っているピッチャーなら、「ギリギリを狙ったんだな」と、ストライクの判定をする。コントロールがいい人の投球はアンパイアが集中して見極めている、と言ってもいい。

アンパイアをしたことがないのであくまで想像だが、僕の経験上はこの通りだ。だからコントロールのいい人は得をする。バッターの苦手なところを狙って投げられるだけでなく、結果的にストライクゾーンも広くなる。そしてストライクゾーンが広ければ、ますますバッターの苦手を突ける。この好循環が生まれる。

また、コントロールがいいピッチャーは、「絶対に打たせない」ということができる。「絶対に打たせない」というのは、フォアボールのことだ。今では申告敬遠ができるのでこのうまみはなくなったが、コントロールがよいと意図的にストライクゾーンから外れるギリギリも投げられるわけなので、怖いバッターを前に、あわよくば振ってくれと思いながらフォアボールを与えることができる。

だからコントロールがいいことは大きな利点なのだ。バッターを倒すには、コントロールで勝負するか、バッターが見たことのない速さで投げるかの二択だが、後者を続けていくのは難しい。投手の能力としてはコントロールが重要だと考える。

インコースに投げるということ

インコースに投げるのは特に難しい。インコースは長打になりやすいコースだ。ボール1個中にずれれば最も打ちやすくホームランになりやすいボールになり、1個外にずれれば近すぎるから振ってくれないということになる。

ブルペンでは皆、簡単にインコースを投げるが、試合でバッターが立つとプレッシャーがかかって一気に難しくなる。力んだり抜けたり。マウンドの心理的要素は大きく、やはりインコースに投げるにはコントロールと同時にメンタルの強さが必要になる。

バッターから遠いところに投げるのは楽だ。打たれても長打になりにくいから安心して投げられる。外に外れてフォアボールでもいい。特にメジャーリーグでは長打警戒の投球を教えるので、日本の野球よりもアウトコース攻めが多い印象だ。

ただ、アウトコースにばかり投げていると、バッターもそれを読んで足を踏み込んでくるから、やはりインコースも狙わないといけない。ちなみに僕はインハイは好きだったが、インローに投げるのは苦手だった。

解説をしている印象では、3ボール2ストライクという、メジャーでは絶対にアウトコースに投げるような場面で、特に広島カープはインコースのサインを出していることが多い。ソフトバンクの甲斐《かい》拓也選手もインコースに要求することがある。

巨人の坂本勇人《はやと》選手はインコースを打つのが非常に上手で、腕をたたんでうまく打っている。坂本選手のようなインコースに対応できるバッターは、普通のバッターよりもボール半個から1個分インコースに入っても打ってくる。つまり、バッターのストライクゾーンがアンパイアよりも広くなる。ピッチャーは、その試合のアンパイアのストライクゾーンではなく、バッターのストライクゾーンに合わせて投げなければならない。

伝説の精密機械

コントロールがいいピッチャーと言えば、「投げる精密機械」と言われ、沢村賞を受賞した阪神の小山正明さんだ。「針の穴を通す」とご自身でも表現されていたが、とにかく精密なコントロールを持っていて、ボール1／4個分の調整をしていたと言われる。子どもの頃、僕はテレビで小山さんを見て、フォームもふわっとしていて球も速くないと思っていたが、針の穴を通すほどのコントロールがあったから、320勝もできたのだろう。

2番目に挙げるなら、現役時代に対戦した、広島の北別府学さん。この人も沢村賞投手だ。

彼も精密機械と称された。とにかく打つボールがないというか、ストレートと変化球をすべてベース上で展開して、バッターのミスを誘う。今で言うと、ヤクルトの奥川恭伸《やすのぶ》投手のようなスタイルだった。

広島はその頃、キャッチャーが達川で、これがまたバッターにささやいてくる。北別府さんの球を受けて、

「ええやろコントロール」

「今日、北別府調子ええで」

「言ったところ来るもん」

などと言ってかき乱してくるから、たまったものではなかった。

小山さんや北別府さんのような頂点は別としても、コントロールがよいと真に言えるピッチャーはプロでも2、3割くらいだろうか。

ちなみに僕は、北別府さんのシュートを、達川の目の前でホームランにしたことがある。ピッチャーにホームランを打たれた達川は、試合後に怒られたことだろう。打った瞬間の達川は、「ええ?」と漏らしていた。

バッターのレガースを許すな

インコースに投げるのは、打ちにくいというだけでなく、バッターに恐怖感を与えられるという理由がある。当てにいくというのではない。体に近いところにボールが来る、当たるかもという本能的な恐怖を利用するのだ。

今のバッターは足首のあたりと膝まわりにレガース（プロテクター）を着けるようになった。これをピッチャーたちが許しているのが僕にはわからない。なんで反対しないのだろう。

当たってしまう恐怖心が軽減されるので、これではピッチャーのインコースの効果が薄くなる。ピッチャーに不利に働く風潮だと思う。

正しい理論は「ストライクゾーンに投げるな」

さて、ここまでの僕の見解をまとめると、「コントロールよくストライクゾーンのギリギリを突く」のがいいピッチャーの条件ということになる。

実は、これは正しい理論ではない。

ストライクゾーンは、コースの得意不得意はあるものの「バッターがヒットにできるゾーン」だ。コントロールがよいピッチャーはフォアボールが選べると書いたように、絶対に打たれたくないなら、ボール球が正解だ。つまり「ボール球を振らせる投球」が理屈の上では最も正しい投球になる。

穏便に書くなら、ストライクゾーンだけで勝負をしてはいけないということだ。ピッチャーがボール球を混ぜるのは、それが理由だ。ただ僕は、ボール球が嫌いだ。打たれる危険性が高いところに投げたい。先にも書いたが、バッターが打てるところを打たせないからこそ恐怖を与えられると思っている。ボール球を投げてもバッターが打てないのは当たり前で、そのピッチャーへの恐怖心にはつながらない。

だから僕の理想は、81球ちょうどで終わる野球。全打席を3球三振にしたい。

ストライクを狙う心理的な危険性

ただし、江川卓の理想を真似してはいけない。

ストライクに投げようという意識が強すぎると、手が先に突っ込んだりして、自分本来のフォームが崩れてしまう。

イニングの先頭のバッターをフォアボールにしたピッチャーが崩れることが多いのも、この「ストライク意識」が原因だ。意識が入りすぎてフォームが崩れ、ヒットにされたり、またフォアボールにしたりということもあるし、初球ど真ん中を読まれてホームランを打たれることも多い。フォアボールの後は「もう1回フォアボールでいいや」と思うピッチャーはいないだろうが、そのくらいの気持ちのほうが本当はいいのかもしれない。

9番のピッチャーを塁に出してしまうのも同じ理由。手を抜いてストライク3つでさっさと片づけようとすると、フォームを崩してフォアボールになったり、甘い球がいって打たれたりという結果につながる。

野球は不思議なもので、ヒットを打たれた時よりもフォアボールを与えた時のほうがピッチャー心理に大きく影響する。いいところに投げた上でのヒットではマインドは乱されないが、自らの失投でフォアボールにしてしまうとつい力んでしまうものだ。なんて、偉そうに書いてきたが、僕だって1983年の阪神戦では6回まで投げて8個のフォアボールを記録したこともある。

理想通りに投げるのはなかなか難しい。

ピッチャーのウェイトトレーニングの問題点

ブルペンでの投球練習でよく見る1つに、はじめはキャッチャーを遠くに置いておき、段々と手前に持ってきて本来の距離にするというものがある。これは遠くに投げたあとで近くに投げることで、「こんな近いところに投げられるんだったら楽だな」というふうに、ピッチャーの心理的ハードルを下げるための練習だ。金田さんはこのスタイルだった。

反対に、はじめは近くから段々と遠くしていく練習も、これまたよく見る。22年に巨人の投手チーフコーチを務めた桑田さんの指導法もこれだ。この方法は「この距離ならいける」というふうに順々に自信をつけていくためのもので、手順としては逆になるが、考え方としては前者と変わらない。

この2種類の練習の例からもわかる通り、練習にこれといった正解はない。その人の性格を知らないと、どんな練習が向いているかはわからない。性格の強い人にはこうして、ピンチに弱い人にはこうして、というように練習を人によって変えるのが指導者の仕事だ。そして性格を知るためには長く一緒に過ごさないとダメなので、一朝一夕で監督やコーチの仕事をするのはやはり難しい。

ただ、それでもあえて練習法に口を出すとするなら、僕はウェイトトレーニングをピッチャーがやりすぎるのはよくないという意見を持っている。

僕は練習では、走るのと投げるのしかしなかった。いわゆる「体を鍛える」という練習をしなかった。とにかく体に負荷をかけることを避け、トレーニングでも日常生活でも、ボールより重いものを持つことを嫌った。手荷物は左で持ったし、学生時代は教科書もすべて左手で持った。子どもが生まれても左手でしか抱かなかったし、ほとんど抱っこもしなかった。ペンや箸より重いものはすべて避けていた。

ウェイトトレーニングについても同様で、ある時、トレーニングコーチが球団に来て言うには、ショートの河埜さんの体形が理想だと。何事も最初に手を挙げて反論するのが僕なのだが、その時も僕は手を挙げて、

「野手では河埜さんの体がベストなのはわかりますけど、ポジションによって、特にキャッチャーとかピッチャーとか全然やる仕事が違うので、体形が違うのが普通なん

じゃないでしょうか？」

と言ったら、いや同じですということだった。僕は納得いかなかった。

ピッチャーは僕らの当時、ウェイトトレーニングというものを習慣にせず、シーズンが終わるとむしろ筋肉を落としていた。一度リセットして、キャンプでイチから作り直すのが普通だった。

やがてメジャーの考え方が入ってきて、せっかく作った筋肉を落とすのはもったいないということで、オフにも肩全体、体全体の筋肉を落とさずに通年同じバランスでやっていくのが普通になった。20年から30年ほど前のことだろうか。いろんな器具を使って、ピッチャーも積極的に筋肉をつけるようになった。

ウェイトトレーニングの利点は、体が大きくなることで、地面反力や投げる筋力が強まり、速いボールが投げられるということに尽きる。

デメリットは、速いボールにはなるが、ピッチャーが投げた初速とバッターの手元に来る終速の差がマイナスになることである。

スピードガンは初速を測っているが、そこで160キロを記録しても、バッターの手元では140キロほどに減速しているケースがある。逆に僕らの時代は、初速は140キロ以下でも、終速が上がって160キロ近くあったという例が多かったと思う。測ってないので今となっては体感でしかないが。

ピッチャーは腕のしなりを利用して伸びていくボールを投げるべきだが、筋肉で体が硬くなると、それが難しい。若い頃は筋肉に弾力性があり、鍛えることでしなりにパワーも加わって相乗効果が生まれるが、年齢を重ねるにつれどうしても筋肉は硬くなり、ボールに伸びが生まれない。記録上では球速があるボールも、バッターからすると いわば「軽い」ボールになってしまうということがある。近年の巨人の菅野智之投手の課題もここにあるだろう。

かつて巨人に在籍していた澤村拓一《ひろかず》投手にも同じ心配があった。トレーニングが好きという話を聞いて心配していたが、一時期はやりすぎたことを反省して少し量を減らしたという。ピッチャーのトレーニングはそれだけデリケートな問題だ。

絶対にやったほうがいい練習法

まあウェイトトレーニングは加減の問題なので絶対にやるなとは言わないし、現在メジャーで二刀流として大活躍のエンゼルス大谷選手を見ても重いボールを使った練習をしているようだから、最新のデータや研究からすると、僕の常識はすでに時代遅れなのかもしれない。本当に、大谷選手の活躍やトレーニング法は不思議でしょうがない……。

しかしそんな僕でも、どんなピッチャー、どんな時代でも「絶対にやったほうがいい」と思う練習が2つある。

ピッチャーの経験が少しでもある人には共感されると思うが、3球ほどストレートを投げると、次は変化球を投げたくなる。なぜかというと、気持ち悪いからだ。人間は同じことを繰り返すのを気持ち悪く感じる。これはピッチング以外にも通じるかもしれない。

僕はインハイにストレートを100球投げ続けるという練習をしていた。巨人のチームメイト、西本は100球アウトローに投げ続けるという練習をしていた。コントロールがいいからできる練習ではない。むしろ逆だ。同じところに投げ続けるから、そこに投げるコントロールが身につくのだ。人間の心理に反して、ひたすらに繰り返すのが望ましい。変化球も投げたいなら、次の100球で練習すればいい。

もう1つは、ピッチャーとキャッチャーで行う「仮想ゲーム」だ。あまりにサインに首を振りすぎると支障があるし、何よりサイン交換で間延びすると野手のリズムにも影響がある。仮想ゲームとは、ピッチャーとキャッチャーの考えを一致させるためのもので、少なくとも僕の現役時代に巨人で採り入れられていた。

試合前に、予定している試合の進行を「仮想」するのが、仮想ゲームだ。たとえば明日の阪神戦、どう抑えるか。1回から9回までのすべてのイニングに対して、どんなボールを投げてどんな結果になるかと想像する。これをピッチャーとキャッチャーで別々にやって、あとで見比べるのだ。

これを習慣にすることで、段々と、相手バッターの心理のみならず、キャッチャーはピッチャーの、ピッチャーはキャッチャーの心理がわかってくる。

そうすると、ピッチャーが思った通りのサインがキャッチャーから出るようになる。極端な話、サインを見ずに投げても問題がなくなる。

僕は自分の登板の分だけ、つまり30数試合分を毎年繰り返しただけだが、キャッチャーの山倉は全試合分これをやっていたのだから大変だっただろう。苦労はあるけれど、それだけ意味のある習慣だった。

2年の夏、サヨナラスクイズを決められた縦のカーブ

さて、そろそろ僕の変化球についても解説しておこう。

もともと、僕の投げていた変化球は2種類で、横のカーブと縦のカーブ。それぞれの握り方、投げ方は図③、④の通りになる。

高校野球の時は、カーブだけで変化球は十分だった。なぜかというと、みんなストレートを待っているからだ。カーブを投げると、もう振らない。だからストレートとカーブだけでほとんど打たれなかった。カーブを投げていたのもだいたい5番打者までで、6番打者以降にはストレートしか投げていない。

縦のカーブには嘘のようなエピソードがある。

高校2年の全国大会栃木県予選では、先発した第2戦（初戦）がノーヒットノーラン、第3戦が完全試合、準々決勝もノーヒットノーランだった。

準決勝でも、10回2アウトまでノーヒットノーランだったが、そこからポテンヒットを打たれてリズムが崩れ出した。そして11回裏、またもヒットを打たれてノーアウ

図③横のカーブ

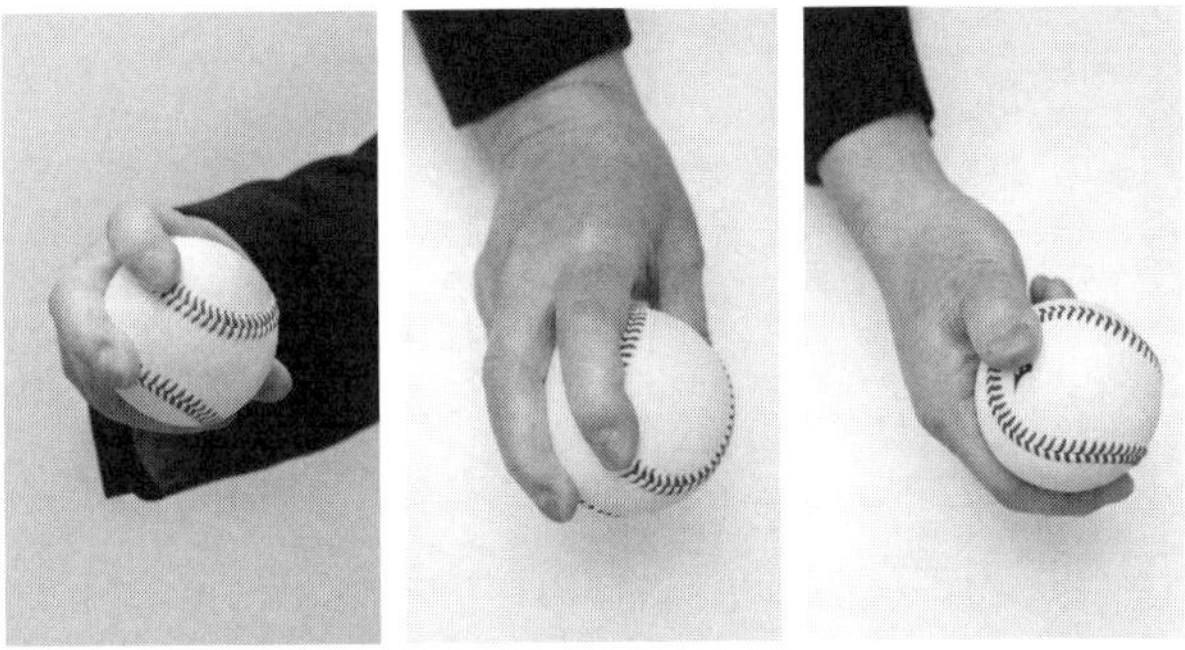

握り（正面）　握り（上）　リリース時にひねる

人差し指と中指を縫い目にかぶせるように握り、リリース時にひねりを加える。「コシヒカリ」と呼ばれたスライダーもほぼ同様で、さらに腰のひねりを加える。（筆者実演）

図④縦のカーブ

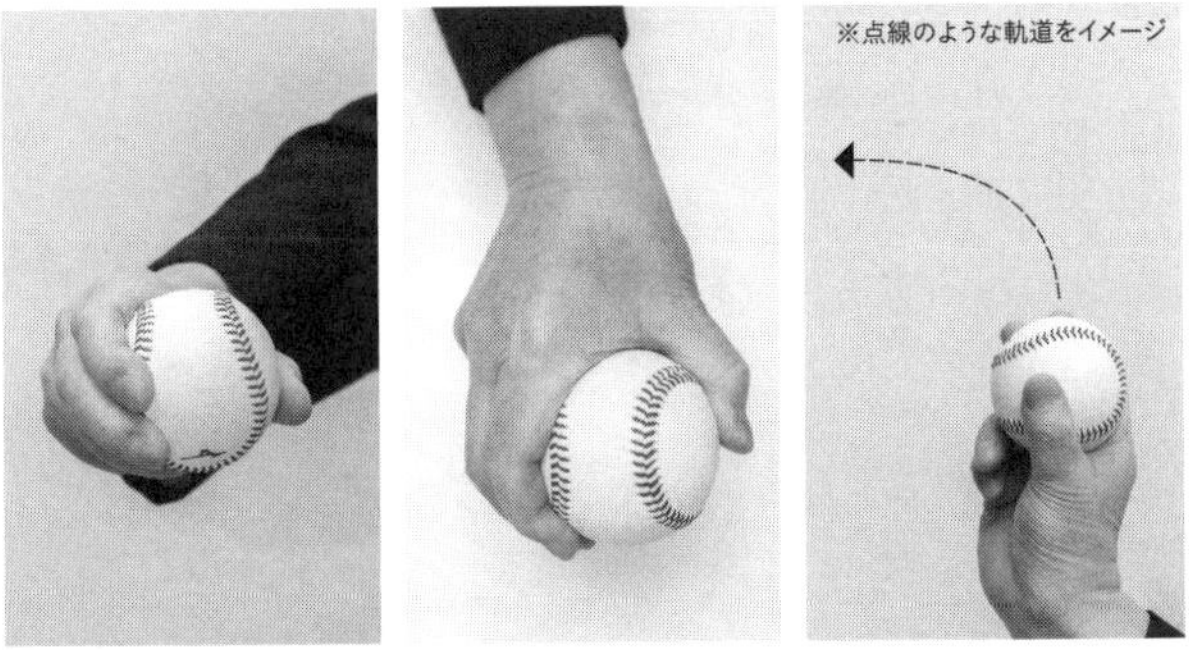

握り（正面）　握り（上）　抜くように投げる

縦のカーブは人差し指・中指で両側から挟むように握り、リリース時にボールを抜くイメージで投げる。（筆者実演）

ト一塁二塁になった。さらに送りバントで1アウト二塁三塁。

あとで知った話だが、ここで監督からキャッチャーへ「ウエストで外せ」のサインが出たらしい。僕が見たキャッチャーのサインはカーブだった。僕は縦のカーブを投げた。

バッターはスクイズ狙いだった。それが僕のカーブがよく落ちるものだから、びっくりしたと思われる。なんとバットを縦にしたのだ。

それで今度は僕がびっくりした。縦にしたバットにコンと当たったボールは、三塁方面に転がり、僕は急いで捕球した。ここで得点を取られてはサヨナラが決まってしまう。バックホームしようとしたが、膝をついてしまい、うまく投げられずにサヨナラスクイズで僕たちは敗退。甲子園行きを逃した。

結果は残念だったが、この時の話は今となっては僕の持ちネタの1つだ。バットを縦にするなど信じられないが、これこそ僕の球がいかに曲がっていたかの証明だ。

変化球の話から少し逸れるが、これまで僕はあまりに打たれなかったものだから、スクイズなんて考えたこともなかった。ヒットがほとんどなかったから、ランナーが三塁まで行くことがなかったのだ。それでスクイズ警戒の意識がまったくなく、意表を突かれてサヨナラ負けとなった。

幻の変化球マツタケボール

プロに入ってからもストレートとカーブで戦ったが、肩を壊して1985年からはスライダー系のボールを投げるようになった。図③で解説した横のカーブとほぼ同じだ。

このスライダーを投げ始めた時、新聞記者と話して、ただスライダーと言っても面白くないから、何か名前をつけようとなった。月間MVPの記念品には食品をいただいていて、お米の時もあった。それで、球種にもお米の名前をつければまたもらえるんじゃないかという、変な期待もあった。

スライダーの命名。腰をひねって投げるから、腰がぴかっと光る感じで「コシヒカリ」とした。親父の出身も新潟だから、ちょうどいいと思った。するとやはり新聞にでかでかと「江川コシヒカリ」と載って、米がたくさん送られてきたのは有名な話だ。

野球中継でも「今のがコシヒカリです」と僕のスライダーが紹介されたと聞いた時はびっくりした。スライダーでいいものを、実況までが僕たちのノリに真面目に付き合ってくれたのだ。

これはいいと思って翌年に、バッターの顔近くに投げるシュートを、今度はマスクメロンと命名した。顔だからマスクという単純な命名だったが、おかげさまで今度はメロンをたくさんいただいた。

スライダー、シュートと来て1987年はフォークボールを投げようとした。今度は何が食べたいかな、マツタケボールにしようかと妄想していたが、球種開発中にそのまま引退となった。

マツタケボールは大して成功しなかったが、コシヒカリは効果てきめんで、なかなか打たれずに86年の16勝を引き寄せてくれた。コシヒカリは、腰をひねってステップをこれまでの真正面ではなく右に踏み込む、いわゆるインステップをすることによってベースの角をかする、バッターにとって難しい球になっていた。

後輩の桑田さんがメジャーに行った時、彼のカーブは現地で「寿司ボール」と評されたが、変化球に食べ物の名前をつけるのでは僕が先駆けだ。こうやって野球以外の部分で話題を作るのもプロとして欠かせないアピールだと思う。

変化球がなくても球種は多い⁉

球種について、1つ言いたいことがある。

僕は基本的に、ストレート中心でそれにカーブを織り交ぜるスタイルだったから、「少ない球種」と評される。だが、これには異議を唱えたい。

僕の球種は、ストレートとカーブ2種の計3種類ではなかった。

同じストレートでも、インハイに投げたり、アウトローに投げたり、速い球もあれば遅い球もあったり……。どれも同じストレートだが、バッターとの勝負においては違う意味合いがある。カーブにしても同じこと。同じ球種でも違いがあり、僕は細かくコントロールしていた。

そう考えると、変化球を投げたら次の選択肢はストレートしかないなんてことはなく、同じストレートでもいくつもの球速、コースを投げられると考えれば、バッターに対してピッチャーは多くの選択肢を持っていることになる。

だから江川卓の実際は、最初からたくさんの球を投げ分ける「技巧派」だったのだ。

最強の抑えは誰か？

前の章で振り返った通り、現役時代に一応僕もセーブした経験があるので、ここで先発投手の理論だけでなく、抑え投手についても解説することをお許し願いたい。

通算セーブ数ランキングは、1位・岩瀬仁紀《ひとき》さん（中日）、2位・高津臣吾さん（ヤクルト）、3位・佐々木さん、4位・藤川球児さん（阪神）と見ていくとわかるように「抑え＝フォークボール」という常識を覆すような結果で面白い。

岩瀬さんはスライダー、高津さんはシンカー、大魔神・佐々木さんはフォーク、藤川さんはストレートというようにそれぞれの決め球が違っている。

抑え投手の絶対的条件というものはないのかもしれないと教えてくれる、面白いデータだ。

それぞれに違った魅力があるから難しいが、ここでは僕の個人的好みからあらためてベスト3を発表したい。今出た4人から選んでいる。

3位は岩瀬さん。バットを出した瞬間にボール1個分曲がるスライダーで空振りの山を築いた。コントロールがよく、打者の打ち気も見極められる人だったので、打たないと思ったら中に入れたあまり曲がらないスライダー。それで打ち気にさせて、今度はやっぱり曲がるスライダー。スライダーをコントロールして使い分けるという抑え方は新しいスタイルだった。

2位は高津さん。高津さんがなんで2位かというと、見ていてどきどきさせられる投球で大変面白かったからだ。ストレートを投げたら危ないという時にシンカーを投げたり、シンカーが狙われているのではという時にストレートを投げたり。観戦する楽しみがあるシンカーの使い方だった。もっとも、これはキャッチャーに古田さんがいたからだろう。

1位はダントツで大魔神。バッターは普通、顔を動かさずに目だけでボールを追う。そうでないとフォームが崩れてしまう。ところが佐々木さんのフォークは高いところからバッターの手前で落ちるので、ボールを追うために顎が上がってしまう。その時点でもう打てないことは決まったようなものだった。これぞ抑えだというような、ものすごい落差だった。

「何を言ってんだい？」

この言葉は、防御率1点台（言ってんだい）がどれだけ難しいかをあらわす、僕らピッチャーが使う冗談だが、大魔神は防御率が1997年0・90、98年0・64というように1点台どころか0点台を2年連続で記録した。すごすぎる。

巨人の抑え投手としては、上原浩治さんを挙げておこう。コントロールが武器で、ストレートでストライクも取れるし、小さく落ちるフォークもある。自分の思った通りに投げ、その通り抑えることができる。

ランキングTOP4に入る4人は特殊なスタイルを持ち、似た人を探すのは難しいが、上原さんはいい意味で標準的で、その標準的なことを高いレベルでこなしていた点に魅力がある。彼もまた、理想の抑えと言えるだろう。

江川卓はメジャーで成功できたか?

「江川卓はもしメジャーに行っても成功していた」

こんなありがたい評価をいただくこともあるが、僕は、江川卓にはメジャーはキツかったと見ている。

メジャーは日本よりもストライクゾーンが外側にずれている。だからインコースを攻めるタイプのピッチャーには分が悪い。これが理由1。ただし、僕の現役当時は、メジャーもストライクゾーンがバッターに近かったから、これだけを理由にはできない。

もっと大きい理由は、日本よりもストライクゾーンがアバウトなところだろう。電車が時刻通りに運行するのは日本だけだが、そのように日本ではストライクゾーンもきっちりしている。日本でもアンパイアによって広い狭いがあるが、メジャーの比ではない。

向こうではアンパイアによってストライクゾーンが大きく変わるのが普通だから、

選手や観客が判定に文句を言うことも少ない。逆に日本では、球審の判定に不満をあらわにする選手が多いが、同じことをメジャーでやったら即退場だろう。

メジャーはストライクゾーンの左右が安定しないので、左右を使って投げるタイプのピッチャーは分が悪い。僕はストレートを左右に投げ分け、また変化球も横のカーブやスライダーを基本にしていたので、やはりメジャーで通用するのは難しかっただろう。

また、メジャーには球が速いピッチャーがうようよいるので、速球だけを武器にするのも難しい。菊池雄星投手（ブルージェイズ）は球も速いし、変化球もあったが、縦に変化するフォークをほとんど使わないピッチャーだから、メジャーではなかなか厳しい戦いを迫られた。

2020年オフにメジャー挑戦を保留し、巨人残留を決めた菅野投手だが、やはり同じ理由で、メジャー挑戦にはなかなか厳しいものがあるのではないかと予想していた。菅野投手はもちろんフォークも投げられるが、配分はスライダーよりも少なく、ストライクを取るのはスライダーだ。菅野投手のスライダーに、メジャーの球審がストライクをコールしてくれるかどうかがポイントになると、僕は思っていた。

千賀投手のような縦の変化量を武器にしているピッチャーは、メジャーでも成功するだろう。フォークボールがメジャーで大きな武器になることは、かつての野茂英雄さん（ドジャースなど）の活躍が証明している。

将来的にはメジャーに挑戦するだろう山本由投手のように、変化球が多彩なピッチャーも成功の可能性が高い。メジャーで通用する球を選び取る余裕があるからだ。

フォークの問題点と究極の魔球

というわけで、現在、日本でもメジャーでも猛威を振るっているフォークボールだが、なぜ打てないかというと「不規則変化ボール」だからだ。

「規則変化ボール」は、カーブやスライダーのように投げた方向に少しずつ曲がっていくボール。これは、軌道の予測がつく。対する不規則変化ボールはその名の通り、変化が不規則で軌道が読めないボール。フォークや、ナックルなど。ちなみに、規則変化ボール、不規則変化ボールというのは僕の造語だ。

不規則変化ボール（ここではフォークだけを考える）は落ち方が読めないので、空振りになることが多い。ただ、それはピッチャーにとっても同じこと。ピッチャーにもバッターにも落ち方が読めないボール。そういう意味ではまさに魔球だが、問題点がある。

落ち方が読めず、またあまりに大きく落ちるので、ボール球になる可能性が高い。バッターが振ればストライクが取れるが、振らなければボールになるということで、「カウントの選択権」はバッター側にあるのだ。もちろん、バッターの手前で落ちる球だから、空振りさせる自信があればかなり確度は高いのだが。

「振らなきゃストライク、振っても当たらない」

僕は魔球の条件をこう定義する。これだと100%ピッチャー有利の球だからだ。フォークボールでは、条件の後半は確かに満たすが、前半は満たさない。バッターにフォークをストレートと勘違いさせればスイングさせられるが、はじめからフォークを投げてくると読まれたら振ってこないので、つまりストライクが取れない。

だから、別に自分のスタイルを肯定したいわけではないが、究極の魔球は速いストレートだ。ストレートを磨けば、「振らなきゃストライク、振っても当たらない」を実現できる。

フォークを真に魔球にするためには、配球が肝になる。ストレートが来るとバッターに思わせた上で、フォークを投げる。この「配球のフォーク」は魔球と言っていいだろう。

最速たった130キロのストレートで球界を賑わした星野伸之さん（オリックス）の武器は、まさにこの配球のフォークだったと見ている。カーブを投じて次はストレートと思わせたところにフォークを投げてみせるということをよくやっていて、これはうまいと思った。

日本で初めてフォークを投げたのは「フォークボールの神様」こと杉下茂さん（中日）で、1976年から81年には巨人でコーチを務められていた。僕も杉下さんから「フォーク投げてみろ」と練習で何度も言われていたが、ついに杉下さんが見ている前でしかフォークは投げなかった。僕の指はフォークに向いておらず、実戦では田尾安志さん（中日）に1球投じたのみだった。

究極の魔球はフォークか、それともストレートか。議論は尽きないが、決着を与えるとするなら、もしも「上に向かっていくボール」が開発されたら、それこそとんでもない魔球になると思う。

僕や藤川さんのストレートも「浮き上がる」とは評されたが、それはボールの回転数が2700〜2800rpm（1分間の回転数）にも達し、普通よりも落ちずに伸びるストレートだったからだ。ちなみにプロ平均は2200rpmほど。

もしも6000rpmにも達するような球が投げられれば、下から上に上がっていくボールになるだろう。これは打ちづらいだろうが、どの程度実現性があるだろうか。下から投げることによる空気抵抗の関係からボールが上がる「ライズボール」というのがソフトボールの世界にはあるから、野球でもアンダースローやサイドスローの投手には可能性があるかもしれない。

佐々木朗希の完全試合は何がすごいのか？

僕は高校時代に何度もノーヒットノーランを達成したにもかかわらず、プロに入ってからはついに達成することができなかった。

だいたい7回くらいになってその時点でヒットを出していないと、これはノーヒットノーランを狙えるのではないかという気持ちになってくる。

残す8、9回。観客はあと6人なんとか耐えてくれと祈るが、ピッチャーにかかる重圧はすさまじい（四死球は許されるから6人という数字は厳密ではないが、ここでは四死球はないものと考える）。というのも、ピッチャーは「あと2回」と思うからだ。27打席のうちあと6打席。9回のうちあと2回。どちらも2／9ということでは数字上、まったく変わりがないが、ピッチャーの感覚では違ってくる。言葉にするのは難しいが、この疲れたタイミングで、あと2回も、という感じだ。

ノーヒットノーランや完全試合を達成するためには、疲労しないよう、そして最近は特に交代されないよう、なるべく球数を抑える必要がある。

これもうまく説明するのが難しいが、「たまたま球数が抑えられたから交代せずにノーヒットノーランができた」は、あまり正しい見方ではない。「その日は球数を抑える投球ができたからノーヒットノーランができた」という言い方がより正しい。

どういうことか。ノーヒットノーラン達成時のピッチャーは、コントロールの調子がよい。だからボールがより多くストライクゾーンにいく。そうなると、バッターは早めに勝負をかけなければいけない。それで球数を抑えられるという仕組みになっている。

ピッチャーのコントロールがいい↓早めのカウントでバッターが打ちにいく↓球数が抑えられる、ということだ。つまりこれは、ノーヒットノーランはヒットがない代わりに、ゴロやフライが多く、三振が少なくなる傾向にあるということだ。

ところが、2022年、ロッテ佐々木朗投手の完全試合では、プロ歴代最多タイの19奪三振が記録された。同じ22年、ほかに達成されたノーヒットノーランでは、東浜巨《なお》投手（ソフトバンク）6奪三振、今永昇太投手（DeNA）9奪三振、山本由投手9奪三振、ポンセ投手（日本ハム）6奪三振。そのほか歴代のノーヒットノーランを見ても奪三振数は抑えられており、佐々木朗投手がいかに稀な記録を出したかがよくわかる。

僕は「昭和の怪物」ということらしいが、「令和の怪物」である佐々木朗投手には、これからも怪物らしい偉業を達成してほしい。僕が江夏さんを超えようとしてできなかった「オールスター10連続奪三振」はどうだろう。1章では詳しく説明しなかったが、オールスターは1人のピッチャーが3回までしか投げられないものの、振り逃げ（三振時のボールが捕球されなかった場合に打者が走者として認められる）を使えば10以上の奪三振を狙うことも可能だ。ぜひ見てみたい。

飛ばないボールは存在するのか？

2022年のプロ野球は、完全試合も含めノーヒットノーランが5回も達成されるなど、「投高打低」が際立つシーズンになった。その背景として、僕は投手力の向上や、フォークボールの興隆が大いにあったと思うが、西武の山川穂高選手の発言に代表されるように「ボールが飛ばなくなった」という声も根強い。

公式球が調整されるということがあるのかと問われれば、真偽のほどはわからないが、まあ、あるだろうというのが僕の答えだ。

野球規則では、目標値はあるものの、反発係数は０・４０３４〜０・４２３４となっていて、幅がある。山川選手らの声を受け、ＮＰＢ（日本野球機構）の井原敦事務局長は「全て規定値内で報告が上がっています」と答えたが、この答え方はまったく正しい。

逆に言うと、この幅の中であれば調整はありうるということだ。噂レベルでは、反発係数を時折変えているという話も聞こえてくる。だから真相としては、山川選手の指摘もおそらく正しいが、ＮＰＢとしても間違ったことはしていないということになる。

現在はミズノ一社が生産している公式球だが、そもそも２０１０年以前は球団によってメーカーが異なり、飛びやすさ、握りやすさにばらつきがあった。

たとえば、巨人はかつてＴＡＭＡＺＡＷＡ製を使用していたが、いつからかミズノ製に変わった。阪神や広島は那須スポーツ製だった。TAMAZAWA製はまあ平均的なボールで、那須スポーツ製はよく飛ぶボールだった。ミズノ社のボールは投げやすく、これが統一球になったのも納得させられる。

また中日は、対戦相手によってメーカーを変えているという噂があった。いずれも球団や球場の事情に即したものだから、どれが正解という話ではない。ただ、球場によってボールの質が全然違ったから、対応するのは面倒だった。ダルビッシュ投手も「野球を面白くするためと言って環境を変えられると選手は困る」というようなことを言っていたが、これには同意する。解説者の立場からしても、フライになると思ったボールがホームランになったり、その逆があったりすると、解説に困ったものだ。

しかし、やっぱり三振やゴロばかりの野球より、ホームランが出る野球のほうが盛り上がる野球なのは僕もよくわかる。煮え切らない答えになってしまうが、今後も各年の記録を注視しながら、公式球の反発力も調整され続けるだろうし、その是非を問うことはできないということだ。まあ、選手からしたら振り回されて大変な話だが。

第3章

巨人軍列伝

牧野茂──ドジャース戦法ができなかった僕への一言

ロッテのサブロー選手が巨人に移籍した時、登録名が「大村三郎」の本名に変わったが、登録名しかり、門限しかり、身だしなみしかり、巨人の規律はドジャースに倣っている。

巨人にドジャースの流儀を持ち込んだのは、1961年から74年、81年から83年にコーチをしていた牧野さんだ。

牧野さんはドジャースが実践して成功していた「ドジャース戦法」を、日本のほかの球団に先駆けて巨人に持ち込んだ人だ。

たとえば、セカンドが二塁カバーから離れてファーストランナーが飛び出したら、ショートが二塁に入ってそれを刺す。そういう細かい守備や、バント、ヒットエンドラン、犠牲フライ、盗塁など、いわゆるスモールベースボールの基礎になった戦法だ。川上哲治《てつはる》監督時代のV9は、この人の持ち込んだ戦法の成果だと言われている。

牧野さんは、ドジャース戦法を授業形式で選手たちに説いていた。野球理論を言語化して、選手たちに講義するという意味では、後の野村監督のスタイルにもつながる。

僕も、牧野さんの授業を受けていた。思い出に残っているのは、1アウト、ランナー一塁、バッター誰々、この時どう投げるかという出題。

「(牧野さんが僕を指さして) はい、江川！」

「は、はい……。えーっと、このバッターと次のバッターから三振を取ります」

「馬鹿野郎！」と叱られ、

「次、西本！」

「はい。えー、シュートを投げて、ショートゴロにして、2人をアウトに取ります」

「正解だ！」

と、こうなる。まわりのみんなは拍手して「さすが西本さん、1つのボールで2つのアウトを取れるんだ。それに比べて江川さんは全然ダメじゃん。それじゃ最低6球投げなきゃダメだよ」という感じの空気が漂った。

その授業が終わると、牧野さんに呼ばれた。

「江川、お前はあれでいいんだ。お前はストレートで三振取るピッチャーだからそれでいい。でも、西本の答えを正解としておかないとまずい。これでみんな三振取ろうと狙ったら失敗するからな。お前のことを怒ったけど、お前が不正解ではないんだ」

「そうですか。僕は三振取りにいっていいんですか?」

「そうだ。三振取れ」

フォローをちゃんとしてくれた。西本は正解と言われて嬉しいし、僕は褒められて嬉しい。西本はシュートを磨くし、僕はストレートを磨いた。牧野さんは、理論を大事にする一方で、個性を見逃さない人だった。

長嶋茂雄――勘よりも計算の人

長嶋さんの天才的な読み。

長嶋さんは、相手の動きを読んで打つ人だったと思う。当時は勘だと言われていたが、僕が思うに正しくは、勘ではなく、読みだ。

有名な天覧試合のサヨナラホームランにしても、長嶋さんは絶対に計算している。

阪神のピッチャーは村山実さんで、村山さんはシュートを得意にしていた。そのシュートを、最後の打席で長嶋さんはホームランにした。当時の映像を見るにつけ、長嶋さんはわざと打席のベースに近いところに立ったのだと思う。

そこは、シュートが一番打ちにくい立ち位置だ。これで、村山さんはシュートを投げてくる。長嶋さんはそれがわかっているから、村山さんが投げた瞬間に左足を引いてホームランを打った。難しいシュートをうまく打ったのではなくて、シュートを投げさせるという計算があったのだろう。

だから長嶋さんは勘の人ではなくて、計算と読みの人だ。監督時代にご一緒させていただいて、長嶋さんはそういう人だとあらためて思った。

ある時、長嶋さんは僕にこう言った。

「江川、届くやつは全部打てるぞ」

ありえない球を打つという意味では、新庄剛志さん（阪神など）やクロマティー（巨人）にもびっくりさせられたが、長嶋さんは異次元だった。王さんがギリギリを見極めてフォアボールを選ぶのに対し、長嶋さんは全部打ちにいっていた。それでホームランにするのだから、やはり本人なりの計算があったに違いない。

村山さんの例ではシュートが来た瞬間に立ち位置を変えていたが、平松さんのカミソリシュートでは、投げた瞬間に握る位置をずらし、バットを短くして打っていた。次に来る球を読んでいるのもすごいが、フォームを崩して臨機応変に打てるのがすごい。技術も高いが、見ているほうを興奮させてくれるプレイングだった。

長嶋さんは敬遠された際、バットを持たずに打席に入ったこともある。バットを持っていないのだから、ストライクを決めれば3球でアウトが取れるのに、結局相手ピッチャーはボールを4球投げて歩かせた。「バットがなくても長嶋なら打ちそう」と、長嶋さんの何をするかわからない感じが恐怖心を与えたのではないかと思っている。

シーズン中にホームスチールを見せたこともある。足が速いのもあるが、脚力プラス読みがあってなせる技だと思う。そういう意味では、やはり新庄さんも似ていたが、新庄さんの有名なホームスチールがオールスターでの出来事なのに対し、長嶋さんは同じことをシーズン中にやっていたのだからすごい。

恐れ多いことかもしれないが、相手として投げてみたいと思った1人だ。どこまで打たれるのか、とても興味がある。体の後ろに投げたとしても打ってくるんじゃないかと、冗談ではなく本当に思う。

巨人のキャンプでは松井秀喜さんに「松井、頭の上！」なんて言いながらとんでもなく高い球で打撃練習をさせていた。すごい教え方をするなとは思ったが、長嶋さんらしさと、松井さんを心から認めていることが感じられる場面だった。

長嶋さんの知られざるメークミラクル

今では「イップス」（動作に支障をきたし、自分の思い通りの動きができなくなる症状）になりやめてしまったが、現役中からの趣味にゴルフがあった。僕ははまるとことんはまるほうで、14日連続のゴルフを予定したことがある。うち1日は相手がキャンセルしたので結果的に13日になったが、僕を追っかけていた写真週刊誌の記者が14日目に「まいりました」と言ったのを覚えている。

「14日間のうち13日ゴルフ行く人は初めて見ました」

そう言われた。彼らからすれば何かスキャンダルはないかと張っているわけで、それで2週間も毎日飽きずにゴルフを続けられては困っただろう。

ゴルフは、V9時代のセカンドで、僕が入団した時のコーチだった土井正三さんに言われて始めた趣味だ。今はどうなっているかわからないが、当時は、「野球を応援してくださる企業の方はみんなゴルフをしている。シーズンオフは、朝から晩まで一緒にゴルフをさせていただくことでいろんな企業の話が聞ける。いろんな学びがある」ということで、確かに学びになることが多かった。

当時、一番よくゴルフに行かせてもらったのは、長嶋さんかもしれない。長嶋さんとお付き合いのある企業さんたちとのゴルフサークルに、僕も何度も参加させてもらった。

長嶋さんの強さは読みにあると言ったが、それはゴルフでも実感させられた。長嶋さんはまず、びっくりすることにスコアカードも持たない。自分のスコアも相手のスコアもまったくメモを取らないが、お昼を食べていると「江川、あそこのパー3、ダボを打ってたよな」などと言う。そんな調子で、18ホール終えても当然全部覚えている。緻密な読みと計算の前に、記憶力がものすごいのだ。

長嶋さんとのゴルフで思い出深いのは、箱根カントリー倶楽部の9番ホール、パー4だ。

ティーショットを打つところの右に桜並木があり、フェアウェイの左側にはバンカーが3つ並んでいた。長嶋さんは逆回転で右に打ち出したところ、みごとに桜の木に当たり、花がばらばらと散った。ボールは木の根元にボトッと落ちて、これはものすごく深いラフである。僕は「今日は珍しく勝てそうだぞ」と思って、フェアウェイを歩いた。

そうしたら長嶋さんが「キャディさん、3番アイアン」と言った。ラフで3番アイアンはありえない。引っかかってボールは出ない。下手したら空振りだ。

それが上からフッと叩いたボールが、フェアウェイに戻り、さらにコロコロと転がっていき、あわやカップに入るかと思われた。さすがにカップには入らなかったが、距離はあと10センチ。OKパットとなり、なんと深いラフから一転、バーディーになったのだ。

僕は結局、パーで負けて帰った。題して「桜散る散る事件」だ。今でも桜の木が揺れて花が落ちてくる映像がフラッシュバックする。

あのラフも、3番アイアンも、もしかしたら計算だったのだろうか。

巨人軍の時間感覚

長嶋さんとのゴルフで思い出されることはまだある。

冬のある日、8時にクラブハウス集合ということがあって、まあクラブハウス自体が開くのが8時だったから妥当な待ち合わせ時間だ。先輩より前に、時間前に行くというルールが巨人軍の掟だから、僕は7時に着いていた。寒いからさすがに僕より早く来ている人はいないだろうと思っていたが、もう誰かの車が停まっている。多分6時半には来ている。

で、8時になって車から出てこられたのが、長嶋さんだった。長嶋さんは、僕の顔を見て一言、「遅い！」と叱られた。

「遅い。何時に来たんだお前。さっき見たら7時だろ。遅い」

「すみません、遅れました！」

「もう少し早く来い」

「はい、次からそうします！」

8時にしか開かないのに、7時で遅いって……しかも冬の朝にとは思ったが、巨人軍のルールからすれば長嶋さんの言う通りだ。僕は6時に行かなければいけなかったのだ。

王貞治――ホームランもすごいが守備もすごかった

「世界のホームラン王」こと王さんは、1980年まで現役を貫いた。僕は79年入団だから、2年間、選手としてご一緒させていただいたことになる。

王さんの現役時代のバッティング練習を、僕は見ている。

打撃投手は決まって山口富夫さんだった。30球くらい投げるうち、26から27本はホームランになる。力が入っていない。軽く構えているのに全部スタンドに入る。3から4本はミスして、ラインドライブがかかってフェンスに当たったり手前に飛んだりするが、ほとんど全部スタンドイン。つまり、芯に当てるのが天才的にうまい。僕が見ている現役最晩年でそれだから、やっぱりすごい。信じられない。

普通の選手だったら10本打って2、3本。よくて5、6本というところか。それだけすごかったから、引退の年1980年にも30本ものホームランを打っている。誰もやめるとは思っていなかったが、王さんの中での理想とのギャップがあったのだろう。

僕も13勝の年に引退して、王さんから「やめるなんて思わなかった」と言われたが、王さんの真似をしたわけではないとはいえ、自分の理想とずれていく苦しみはよくわかる。

王さん独特の「一本足打法」は、ボールに最短でバットを持っていく方法を日本刀で練習していたことから生まれた。ぶら下げた紙を日本刀で切る練習だ。一本足打法は今でも取り入れる選手が多いが、王さんほど打席の前に立つ選手は、今ではあまりいない。あまり前に立つとインコースが打ちにくいためだが、前に立たれると投手も投手で外に投げづらく、インコースに投げる。王さんはそのインコースを必ずホームランにする。

このように天才的なバッターだった王さんだが、そのことはみんなが知っている。僕がここで声を大にして言いたいのは、王さんが一塁手として守備の名手でもあったということだ。二塁走者をバントで進塁させる時、今だと巨人では中田翔選手が三塁に送球してアウトにする場面を目にする。

王さんは、その比ではない。ランナー一塁の場面でのバントから、ランナーを二塁で刺していた。

王さんはもともとピッチャーで、早実時代には甲子園でノーヒットノーランも達成しているほどの腕前だ。だからコントロールがいい。そして、左投げで、二塁へ投げやすかったこともある。バントで一塁側に来たボールは、王さんがほとんどすべて二塁でアウトにしていた。僕にはその印象が強烈に残っている。

相手チームは、三塁側に転がすか、あるいはキャッチャーに捕らせるくらいの手前に転がさないといけなかった。王さんが守っている間は、一塁方面へのバントは少なかったはずだ。

　このように王さんは守備でも人にできないことを安定してやってみせた。だから現役晩年は打撃のみならず守備でも理想との乖離があったのではないだろうか。ただ、本当のことはわからない。選手としての王さんとは、ほとんど喋ったことがない。いや、監督となった王さんとも喋る機会はほとんどなかった。

　監督になった王さんには、迷惑をかけた思い出しかない。王さんの監督時代、僕は肩を壊してしまっていた。王さんの理想とする投球を見せられたことがほとんどない。王さんの期待には、西本のほうが応えられていたと思う。監督が抑えてほしいところで抑え、粘ってほしいところで粘れるのが西本だった。

　はい／いいえ以外の言葉を初めて交わした記憶があるのは、どちらも引退して数十年が経った頃。たまたま同じ店で食事をとっていたところ、同席することになった。

　お店の方が訊いた。

「最後は何にしますか？」

「ハイボール」と王さん。

「高めが好きなんですね」と僕。

「君は面白いことを言うんだね」と王さん。

僕のあるまじきツッコミを、優しく受けてくれた王さんとは、それからお会いするたびよくお話しするようになった。

王さんと同じバット

王さんといえば、現役時代に使っていた「ジュン石井」のバットが有名だ。ジュン石井はバット材に通常のトネリコではなくヤチダモを使い、樹脂加工をしたいわゆる圧縮バット。反発力が強く、現在は禁止されているが、これをプロで最初に使い始めたのが王さんで、僕らからすれば「王さん専用バット」という感じだ。

本当かどうか知らないが、王さんはジュン石井を100本オーダーし、20本を選び取る。残り80本が社会人に行って、またそこで20〜30本が選ばれる。その残りが大学にまわされて、最後のあまりものが高校に割り当てられる。そういう話を聞いていた。

高校時代、作新学院には1本だけ届き、僕がもらったのが自慢だった。折れたらもったいない。貴重だから練習では使えない。練習で使うのはもっぱら竹バットだった。それで試合が来た時だけ、ジュン石井を使っていた。

試合で打つ感じでは確かにいいバットで、王さんが選んだ一級品とは違っても、同じブランドのバットを使えているというだけで喜びがあった。

長嶋監督、藤田監督、王監督の違い

長嶋さんと王さんは、シーズン中、選手とあまり話をしない監督だった。遠征時の食事も、長嶋さんは部屋でとられるので、選手と話すことはなかった。王さんは選手と同じ空間で食べるものの、とても選手が話しかけられるような雰囲気ではない。

藤田元司さんは食事も一緒にとるし、選手との会話も多い。

「江川、お前がピッチャーの中心なんだから、どういう練習がよいか言ってくれ」と藤田さんから言われることもあった。コーチ陣と相談して、実現できるものは実現するからと言われ、僕としては「こうしたらいいんじゃないですか」、藤田さんは「いや、こう思う」。僕は「やっぱりこうしてほしい」というように会話する機会が藤田さんの時は多かった。

藤田さんの監督時代は、先発ピッチャーが7回くらいまで投げて勝ち投手になった翌日は「上がり」と言って、練習が免除されたが、王さんはチーム一体になってやるというのが好きな方だったので、上がりでも球場で試合を観ているようにという方針だった。

僕らが知る王監督は厳しかったが、解説者としてダイエー時代の王監督を取材させてもらった時は、巨人で監督をしていた時より穏やかになられたように感じた。

今、パ・リーグは下手するとセ・リーグよりも細かい野球をする。西武に巨人の細かい野球を持ち込んだのは広岡達朗さんや森祇晶《まさあき》さんだが、ホークスに細かい野球を持ち込み、パ・リーグに定着させたのは王さんの功績だろう。

小林繁——ＣＭ共演の裏側

あの「空白の一日」騒動の時、一度は阪神に入団し、トレードで巨人へということになり、僕が入ることで誰かが出るのは申し訳ないから、「絶対に金銭トレードで」とお願いしていた。願いは叶わず、僕が巨人に入る代わりに小林さんが阪神に移られたことは1章にも書いた通りだ。

小林さんとは生前、２００７年に酒造メーカーの黄桜のＣＭで共演することとなった。

黄桜の社長が小林さんのファンということだった。小林さんにＣＭにどうしても出てもらいたい。それで広告会社に相談したら、対談相手に江川を出すのはどうだろうということになったらしい。

僕のところに話が来た時、「小林さんがもしよろしいんでしたら、私は断る理由がありません」というふうに返事をした。実現するのかはわからなかった。それが、リハーサルも何もなしで、スタジオでいきなり会って話すところを撮影するという話になった。

トレードの件で小林さんに迷惑をおかけして以来、謝る機会がなかったから、私はその場で謝罪した。小林さんは「謝ることないじゃん」と返してくれたばかりか、「しんどかったよな。俺もしんどかったけどな。2人ともしんどかった」と言ってくださった。

ありがたい言葉だと思ったが、これで済んだという感覚はなかった。肩の荷が下りたという意識もない。100キロの重しが、99キロになった、というところか。大変ありがたい言葉である一方で、それを聞いて喜んではいけないと思った。

そのCMの頃でもおよそ30年が経過していて、風化する向きもあったが、僕はこれからも忘れることはない。人は時が経つと忘れる思い出もあるし、歳を取ってそういうことも増えてきたが、これぱっかりは忘れられない、僕が背負わなくてはいけない十字架だ。

西本聖――不仲説の真相は？

歳は1つ下の西本だが、巨人に入ったのは彼が4年先。プロ野球の世界は先に入ったほうが「先輩」だが、年齢は僕が上というねじれが起きた。僕は生意気にも「ニシ」と呼んだが、本来は西本が先輩になるからこれはおかしい。西本のほうは気を使ってどう呼ぶか悩んだらしく、結果として「卓ちゃん」に落ち着いた。

西本からすれば二軍で経験を積み、ようやく一軍の先発ローテかという時に突然あらわれたのが江川卓だった。西本と僕は何につけても対照的で、たとえば練習にしても僕は自分の練習だけ済ませたら早く家に帰って休んだほうがいいという考え方。この考え方のせいで僕は練習嫌いのレッテルが貼られてしまうのだが、西本はとりあえずグラウンドに最後までいる。

早く帰る個人主義の江川、這い上がってきた協調主義の西本。この対比を面白がって、マスコミが勝手に仲が悪いことにしたのが真相であって、お互いに敵意はなかった。もちろんお互いに、成績でも年俸でもあいつに負けたくない、というライバル心はあった。でも、マスコミが言うような険悪な仲ではなかった。こうやって書いても僕の一方的な主張になるしかないが、西本も同じだったと思う。

　どうやったら相手よりも成績を上げられるかというと、これは一面では卑怯なのだが、お互いに3連戦の初戦は相手に投げてほしいと思っていた。先に投げてくれたほうが相手打線の調子がわかるのだ。つまり、相手を実験台にしたかった。もちろんこれは、お互いの実力を認めているからこそだ。力のないピッチャーが投げては、相手の調子もよくわからない。

　ライバル心はキャンプの時も発揮された。今思えば、西本と僕が一緒のタイミングで投げないようにキャッチャーは気を使っていたのだと思う。僕らは「ピッチングやれ」と呼ばれた時に行くから、僕が行った時には西本がいなかったし、西本が投げる時には僕はいなかった。

　ところがある時、投げ始めが一緒になってしまった時がある。30分以上が過ぎても う球数も数えてなかったが、お互いに投げ込みをやめない。僕は西本が投げ終わるまではやめないでおこうと思っていたが、西本もそう思っていて終わらないというわけだ。300球とも1000球とも3時間とも、正確にはもうわからないが結局、キャッチャーが「やめてくれ」と泣きついてきて、終わりとなった。

ライバル心からお互いに一番気にしていたのは、今年の開幕投手はどちらが務めるのかということだった。

西本は春先に調子がよく夏場に調子を落とすタイプ。対して、僕は夏場に調子が上がってくるタイプ。だから采配としては、西本を開幕投手とするのが正しい。だが、僕らのライバル心を煽るためか、それとも僕らのプライドを傷つけない優しさか、1年ごとに開幕投手を交代するように組まれていた。多分、開幕投手としての成績は、ちゃんと調べてはいないが、やはり西本のほうがよかったと思う。

これは、事実だから言うのだけれど、胴上げ投手の機会は僕に集中した。西本には悪いが、僕の思い出になっている。

西本と江川と沢村賞

今でも残る不仲説の根拠となっているのが、1981年シーズンを受けての沢村賞だ。

この年、僕は最多勝・最優秀防御率・最多奪三振・最高勝率・最多完封の投手五冠を獲得したが、沢村賞を受賞したのは西本だった。

当時は、沢村賞を決める投票権をメディア関係者が持っていた。「空白の一日」騒動のゴタゴタがあったので、江川卓に入れたくないと思っていた人が多くいたのだろう。投票や受賞に際しては「江川の人格」を問題にする声が多く挙がっていた。

1位と2位に投票できる仕組みも、どうせみんな1位に江川を入れるから、「俺くらいは2位に江川を入れておき、1位に西本を入れてやろう」とする気分を生んだのではないだろうか。真相はわからないから今となっては何を言ってもしょうがない。

僕自身も五冠を獲得しながら受賞できないとは夢にも思わなかったし、受賞を見越して用意された記者会見場で待機していた。

「沢村さんという偉大なピッチャーを実際に見たことはありません。でもこういう賞に選ばれたということは、一歩でも近づけたという感じがするんでしょうか。本当によかったと思いますし、プロに入る時の最初の目標でした」

というようなコメントまで、今でも言えるほど周到に準備していたくらいだ。

そうしたら、沢村賞は西本と知らされて、「え？」と思ってすぐに帰った。西本は後から会見しただろうが、僕は見ていない。

その時は、僕自身では何も文句を言わなかった。ただ、世間でもやっぱり投手五冠が沢村賞を獲れないなんておかしいということで、メディアの印象票を排除するべく、翌年から歴代の沢村賞受賞者たちが選考する方式に変更となった。

沢村賞の1週間後にはシーズン最優秀選手（MVP）の発表があり、またも「MVPは江川さんだと思われるので、会見場に来てください」ということになった。冗談じゃない。沢村賞受賞だと言うから座っていたら、違ったじゃないか。MVPも信用できないということで、発表の日も都内でゴルフをしていた。

僕の記憶からは抜けているが、「MVP鳴くまで待とう記者投票」という川柳を新聞記者相手に言ったらしく、ここにも沢村賞発表以来の記者投票への不信があらわれている。MVPは、当時も現在も、記者投票だ。

当日のゴルフでは16番ホールのあたりで電話が来て「MVPらしいから来てくれ」「いやだ」。18番ホールで「もう間違いなく受賞だ」「いやだ」。それでゴルフが終わってから向かったから、3時間遅刻と言われてまたも叩かれたが、ささやかながらの抵抗のつもりだった。

僕の心の中では、立ち直るのは40年くらいかかった。西本が受賞するべきではなかったとは思わない。でも、どうしても西本を受賞させるなら、僕とのダブル受賞でよかったではないか。

当時はライバルだから褒めるわけにはいかなかったが、西本のシュートは右ピッチャーにもかかわらず、左ピッチャーのカーブやスライダーよりも曲がる。ありえない。打てるわけがない。今だから素直に褒めることができる。

『江川と西本』という漫画があるが、あれは正しくは『西本と江川』というタイトルになるべきだった。制作者から最初に聞かされたタイトルも『西本と江川』だった。

西本から見た江川を描いた漫画で、僕は最終回以外では取材を断った。

江川の本はいろんなことを書いてきた人がいたが、西本から見た江川という企画はこれまでなかった。どうせならと思って「僕は取材を受けない代わりに口出しもしない。その代わり、西本が喋ったことを全部正確に描いてほしい」という条件を出した。

今、『江川と西本』を読むと、西本はこう考えていたのかといろいろな発見がある。

角盈男と鹿取義隆――驚きの名リリーフたち

2人とも年齢は僕の1つ下。定岡正二、西本、角盈男《みつお》、鹿取、この4人が同学年ということになる。角と鹿取のリリーフには、本当に助けられ、何度も勝ち星をつけてもらった。2人につなげば大丈夫という安心感があった。

よかったのは、打たれた時に「ごめん」とか言わないこと。言われると、申し訳ないことをさせたと、こちらも気になってしまう。

「打たれたけど、しょうがないじゃん」

「江川さんが僕らに回したのが悪いよ」

2人ともこんな感じだったから、逆にマウンドを渡しやすかった。ピンチを作ったのは先発の責任だから、こちらが頼む立場で当然だ。前の人の勝ちを消してはいけないと焦ってしまう人には、リリーフは務まらない。僕にもリリーフ経験はあるが、おっかなくてしょうがなかった。

角のフォームは独特なサイドスローで、プロ入り後のキャンプで身につけた投げ方だった。左のサイドスローというのは、当時の左バッターたちが苦戦していたのを覚えている。ボールが伸びるというより、投げた瞬間もう速いという感じ。バッターにすると、非常に速い速度でボールが来る。カーブも投げていたと思うが、ほとんどストレートで勝負していて、キレがよかった。

鹿取は明治大学出身なので、六大学の頃は対戦相手だった。バッターボックスに立った経験がある者として証言できるのは、すごい癖球だということ。なかなか芯に当たらない。詰まったり、先に当たったりする。今でいうツーシームを投げていたのではないか。聞いたことはないが。とにかく、性格は真面目で癖はないのに、ボールに癖がある男だった。

鹿取の場合、もっと驚かされるのは、すぐに肩ができること。普通の人間は登板前に20球くらいは投げるが、鹿取は3球くらいでもう肩ができる。不思議な肩を持っていて、急なピンチとなった時は鹿取を呼べばよかった。ブルペンで3球しか投げないから当然、肩の寿命も長く、巨人に11年在籍した後に、西武で8年も現役を続けた。引退後は巨人でGMも務めたから巨人の印象が強いが、西武に8年もいたのだ。

角は左右高低に投げ分けていたが、鹿取はほとんどがど真ん中のストレートだった。満塁のマウンドでど真ん中に投げ続ける鹿取は、まさに強心臓だった。リリーフピッチャーはベースの端を狙うものという、僕の常識も崩された。

それともう1つ。鹿取は自分では江川入団時の教育係だったと語っているが、僕は彼に注意された記憶がない。何より、学生時代の学年差は人間関係に大きく影響する。定岡も西本も角も僕を「卓ちゃん」と呼んだが、鹿取だけは「江川さん」を貫いていた。僕のプロ入団が遅れたから起きた不思議なすれ違いだが、面白い。

槙原寛己――3連発被弾仲間

巨人の三本柱と言われていた、だいたい10歳下の世代の先発ピッチャー3人。

槙原はあの性格だから、チームに溶け込むのも早かった。僕は解説では選手のことは呼び捨てにせず「○○選手」「○○投手」と呼ぶが、槙原の試合を解説する時は「槙原」と親しみを込めて呼んでいた。そう呼びたくなる人柄だった。

槙原は手足が長く、強い球を投げる印象があった。手も大きいのでフォークボールも得意。体に恵まれていた。その体格を維持するためか、槙原は異常なほど食べる。現役当時、僕の横浜の家までわざわざ来て、こっちが作った料理を全部食べた思い出もある。

槙原はYouTubeなどでもよく僕の話をしているが、いつも「江川さんに〝カーブ〟を教わらないで〝株〟を教わった」を持ちネタにしている。もうそろそろ新しいネタを考えてほしい。オフにもゴルフに行ったような仲で、三本柱の中では一番交流があった。

野球の話に戻ると、コントロールとか技術ではなく力のあるピッチャーだったので、はじめから結構勝てるのではないかと思っていた。1994年に達成した完全試合も、ほとんどのピッチャーがたどり着けないすごい記録だ。

逆の意味ですごい記録は、85年のバックスクリーン3連発だ。阪神戦で、バース、掛布、そして岡田彰布《あきのぶ》さんから3連続で被弾した。僕と同じ、3者連続被本塁打というわけだ。

被弾すると僕はムキになるほうだとは前に書いたが、この時の槙原は放心状態だったらしい。無理もないだろう。ヒットもそうだが、ピッチャーは打たれた事実そのものより打たれ方を気にする。バックスクリーンとなると、最も飛距離が必要なホームランだから、最もショックの大きい打たれ方だ。それを3連発というのは相当こたえるだろう。

バックスクリーンを3本もなんて、打たせるほうが難しい。嫌味ではない。見事だし、プロ初出場から3年目のこの経験が彼を育てた部分は大いにあると思う。

斎藤雅樹——藤田監督のもとで花開いたストレート

斎藤雅は、入団当初はピッチャーとしてまったく目立たなかった。守備とバッティングが上手だったので、内野手にコンバートされるのではとも見ていた。

それが、藤田監督のフォーム改造で劇的に変わった。腰の回転がオーバースローに向いてないから変えてみてはということで、それまでのオーバースローを封印。スリークォーターからサイドスローに近い投げ方になった。それで球速も、コントロールも向上した。

彼は一言で言うと、真面目人間。言われた通りの練習をしっかりとやるし、先輩後輩の上下関係もちゃんとしている。投げ方や打ち方については監督やコーチが合わないと崩壊してしまうが、彼の場合は藤田監督と出会えたことで花開いた。あのままオーバースローを続けていれば、きっと内野手に転向していたが、自分に合った投げ方を見つけたことで、20勝を狙えるピッチャーになった。

実際、1989年、90年と、彼は2年連続で20勝した。真面目だからシーズン中もシーズンオフも体調を崩さずに、通算でも三本柱で一番の勝利数を手にした。

なぜ彼がすごいピッチャーになると思ったかというと、バッターが、真ん中のストレートを空振りするようになったからだ。僕の提言だが、ど真ん中のストレートを空振りさせられるピッチャーは、20勝できる。

ちなみに斎藤雅は僕のファンだったらしいが、彼からそういう話を聞いたことはなかった。僕があまり人とご飯に行かなかったからかもしれない。僕は試合や練習以外では野球から離れたかったので、あまり積極的にコミュニケーションを取ることはなかった。

桑田真澄――バッターの攻略法を教えなかったわけ

桑田さんには、入ってきた瞬間から守備力に驚かされた。こんなに守備がうまいピッチャーがいるのかと思った。彼はキャッチャー横のフライを捕りに行って大怪我をしたが、そもそも普通のピッチャーだったらあそこへ守備に向かえない。僕だったらあの場面は「キャッチャー！」と叫んで任せているだろう。

桑田さんは槙原や斎藤雅に比べて体が大きくないことは気になったが、持ち前のセンスと研究熱心な性格があればまったく問題がなかった。

研究熱心な桑田さんとのエピソードでは、こんなことがある。

ある時、「○○選手に対してインハイのストレートが通じるか教えてほしい」と訊かれたが、僕は「教えられない」と断った。彼は「ピッチャー同士でも教えられない秘密があるのだな」と受け取ったらしいが、僕の真意は違った。

僕の速さとか回転のストレートでは通じたが、桑田さんの球はまた違う。同じコースに同じようなボールを投げても、抑えられるかどうかはわからない。だから教えられないというのが真意だった。

似たような経験が以前、自分にもあった。

プロに入る直前、小川邦和さんという巨人にいたピッチャーの方と話す機会があり、ヤクルトの中心打者、若松勉さんについて「若松はストレートが強いから、絶対に変化球でいけよ」と言われていた。ところがプロに入って実際に対決したら、ストレートが通用した。それで、プロの世界にも相性があると思ったのだ。

後々になって、どこから伝わったのか、桑田さんは僕の真意を理解したらしく、ホッとした。最初から「僕と君とではボールが違うからわからない」と言えばよかったが、「教えられない」の一言で通じるだろうと僕に思わせるくらい、桑田さんはクレバーだった。

西本、江川、定岡で三本柱!?

三本柱といえば、定岡は西本と僕に自分を加えて、槙原たちの前の三本柱だったと言っている。だが、西本と僕は認めていない。西本と僕の二本柱だ。まあ、彼が15勝した1982年だけは、三本柱として認めてあげてもいいかもね。

というような冗談を3人の間で交わせるほど、僕たち3人は仲がよかった。3人でゴルフもよく行った。不仲説は、メディアが作り出したイメージだった。

僕ら3人は、三本柱だったかどうかはさておき、確かにそれぞれに違ったスタイルを持っていた。

というのも僕が入団してブルペンでストレートを投げた時、定岡に言わせると「自分のストレートに自信がなくなった」ということらしい。それで彼はスライダーピッチャーになった。同じように、西本もシュートピッチャーになった。ストレート、スライダー、シュート。それぞれの球種を武器に、僕ら3人はそれぞれのやり方で先発を守っていた。ちなみにゴルフの実力も伯仲していた。

僕らがそれぞれに違う球種を強みにしていたように、あるいは槙原たち三本柱がそれぞれに違う個性を持っていたように、どのピッチャーもそれぞれに味がある。誰が一番で誰が二番でというのは難しい問題だ。

みんないいピッチャーだということで、いいじゃないか。

中畑清――絶好調だとボールが止まって見えた!?

この間テレビを見ていたら、中畑さんが解説で

「ボールが止まって見えた」

と、自分が「絶好調」だった時を振り返っていた。「中畑さん、それは川上哲治さんの言ったやつでしょ」と思わずテレビの前でツッコミが出たほど、中畑さんは調子のいい人である。本当かよ。まあ、止まって見えたことにしてあげよう。

なぜ止まって見えるかというと、それは調子がいいとスイングが速くなるからだ。スイングが速くなると、あくまで0コンマ何秒の世界だが、ボールが前よりも待てるようになる。ピッチャーがボールを投げてから振り始めるまでの時間が長くなる、つまり、ボールを見られる時間が長くなるのだ。

つまり、相対的にボールがゆっくりと感じられる。ちょっと極端な言い方だが、たとえば150キロのボールが120キロに見える。これが、「ボールが止まって見える」真相だという説を提唱したい。

逆にスイングスピードが遅いバッターからすれば、ボールがより速く、より急な変化に感じられるのではないかと思う。

篠塚和典――こういう人をセンスがいいと言う

篠塚は、僕の2つ下。高校野球でいうと、僕が3年生の時の1年生ということになる。チームは千葉県の銚子商業。試合をして、しかも打たれたことが高校の時にある。1年生なのに真芯で当ててきたことに驚き、記憶に残っている。3年生の時の他校の1年生では、記憶に残っているのは篠塚だけだ。

長嶋監督に見込まれて巨人に1位指名されたというのもすごい。

チームメイトになってから記憶に残っているのは、彼のセカンド守備だ。

僕らピッチャーは打たれた瞬間に、ヒットになるかどうかは見なくてもだいたいわかる。ところが篠塚が守備にいる場合、バッターにカーンと打たれた瞬間、「あー、ヒットだな」と思ってパッと見ると、普通のセカンドゴロになっていることが何度もあった。

捕るのもうまいし、スローイングにも不安がない。肩もよかった。「こういう人をセンスがいいと言うんだな」と思わせる、惚れ惚れする守備だった。

何度もヒットをゴロアウトにしてくれたように、守備範囲も広い。ファーストの中畑さんの守備がよろしくないから？ファーストの分までかなり広い範囲を守る必要があって苦労したと思う。ちなみに、中畑さんの守備については、本人の許可を得てこう書いている。

ともかく、篠塚はピッチャーの投げる場所、バッターの打つ場所をかなり予測して動いていたのだろう。今の広島の菊池涼介選手と同じくらい、スーパープレーがあった印象だ。

僕が巨人に入った頃、篠塚はまだセカンドのレギュラー争いをしていた。その頃は中畑さんがサードを務めていたので、ベンチではセカンドを「原にするか、篠塚にするか」で迷っていたのだと思われる。今だから明かせるが、どちらにするかを首脳陣が話し合っているのを耳にしたこともある。「守備では篠塚の方が上だが、バッティングは原の方が打てる」という悩みだった。

そのうちに中畑さんが怪我をしたため、サード原、セカンド篠塚に。さらに復帰した中畑さんがファーストという布陣になった。それで僕は、これまでサード方面に打たせてはまずいという意識が、ファースト方面に打たせてはまずい？という意識に変える必要がでてきた。しつこいと思われる読者もいるだろうが、何度も言う。中畑さんには許可を得ている。

篠塚はプロに入ってからは守備の印象が強烈で、ホームランも盗塁も少なかったから、僕は守備の職人のイメージでいたが、調べてみると通算打率は3割4厘で首位打者を2回獲得するなど、バッティングにおいても実績を残している。通算打率で3割を超えるバッターはなかなかいるものではない。高校の時の印象の通り、すごいバッターだ。

原辰徳——大学野球のバトンを託した思い出

篠塚が高校の時に記憶に残ったバッターだとすれば、原辰徳という人物は大学で記憶に残ったバッターだ。

1977年の明治神宮野球大会、僕ら法政大は、決勝戦で彼のいる東海大と当たった。僕は4年、彼は1年での対決だった。第1打席にヒットを許し、第2打席にはホームランを打たれて、ちょっとびっくりした。「まあ相手は1年生だ」と思ってインコース低めのストレートを投げたらホームランだったので。それでもう先輩の意地というか、第3打席か第4打席は3球三振を取った記憶がある。

9回裏まで完投して法政が勝ったので、僕がウイニングボールを手に入れたが、整列の際に彼に渡した。「次はあなたが大学野球を背負ってね」と、思えばキザな真似をしたものだ。あとで「あのボールどこ行った?」と訊いたら、「覚えてません」と言う。僕にとっては印象深くても、彼にとっては通過点でしかなかったのだ。

現在、その人物は巨人で3回目の指揮官のタクトを振るが、解説の立場から見ていると、1回目、2回目、3回目で監督スタイルが違う。1回目はどうすればいいかわからない中での模索だっただろうし、2回目は1回目の経験を踏まえて、オーソドックスで堅い野球をしていた印象だ。

3回目ともなると、自分なりの変化をつけたくなるのだろうか。僕なんかは2回目のノーマルな采配のほうがいいのではと思うが、たとえば現在は特に投手交代に性格があらわれているように見える。

ピッチャー出身の監督は、ここを乗り切れば楽になるという投手心理がわかっているので、我慢強く、投手交代が少ない。逆に、バッター出身の監督は、代打という習慣もあるくらいだから、ピンチですぐに投手交代をする傾向にある。

今でいうと、ヤクルトの高津監督は我慢強い采配を振るう。対して、原監督は3回目の就任以降、早めの投手交代が多い印象だ。投手にしても打者にしても、少し調子が悪い人間はすぐに代えたいと思うのだろう。

投手交代を増やすと、リリーフ陣の登板が増えるから、大事な時に疲弊してしまう可能性があり、あまりよい手だとは思われない。打順にしても、なるべく固定したいところだ。ただ、巨人は選手層が厚いので交代できるという面もある。悪い采配だとは言い切れないが、2回目までの原監督の采配とは明らかに違っている。

バッターを、単打を打つバッター、中距離ヒッター、ホームランバッターの3つに大別すると、僕は、「打者・原」は中距離ヒッターだと思う。チャンスをメークしながらヒットが打て、しかも大きいのも打てる、本来であれば3番バッターに向いているタイプ。現役だと坂本選手に近いといえる。

それが4番を担わなくてはいけなくて、しかも巨人の4番にはONの伝統もある。当時のプレッシャーは大きかったと思うし、それは監督である今も変わらない。巨人の4番、そして監督という重圧に耐えられるだけの精神力は、とても僕にはない。

松井秀喜――正真正銘の4番打者

松井さんは、はじめからボールを選べるバッターだった。僕はそれを、あの5打席連続で敬遠された甲子園を見て思った。あの時、バットを置く松井さんに、葛藤する素振りはまったくなかった。これはボールを待てるバッターだと思った。

入団直後のキャンプを取材してみると、どの打球も打った瞬間の僕の想像よりも、だいたい10メートルは遠く飛ぶ。今でいうと大谷選手のように、受け答えにもしっかりしたところがあったし、何よりボールを待てる強打者だ。これはジャイアンツの中心、4番に必ずなる人だと思った。「人格」を持っている人とは、こういう人だと思った。

松井さんは長嶋さんとの師弟関係がよく話題に挙げられるが、キャンプで松井さんを見た瞬間、長嶋さんも「教えなくても松井はやれる」と思ったはずだ。長嶋さんは、教えるのが好きな方なので、松井さんにもいろいろと教えたが、松井さんは誰に育てられなくても自分から4番に向かっていくことを運命づけられた人だと思う。それほどの人格なのだ。

長嶋さんは、松井さんを4番に育て上げる「1000日計画」を言ったけれど、それは松井さんに対して教えていくという意思表示である以上に、「松井を4番にする」ということをまわりに認めさせるためのものだったと思う。監督直伝で4番にすることを宣言して、まわりがよけいなことを松井さんに言わないための配慮だったと思う。松井さんは、あとはすくすく4番になっていく素材だったのだ。

巨人の4番からヤンキースへというのも、松井さんらしい王道中の王道だった。しかも彼は、メジャーのピッチャーやボールを相手に打ち方を変えるということをしなかった。それでシーズン31本（2004年）のホームランを打って、ワールドシリーズでもＭＶＰ（２００９年）を獲ってしまうのだからすごい。自分のバッティングに自信を持って泰然自若とした、まさに４番の品格を持った選手だった。

あえて今の巨人の岡本和真選手と比較しよう。岡本選手はホームランが狙えないと、ヒットを打って５番につなごうという意識が見える。松井さんはあくまで、自分が４番らしく打てる球を待っていた。「松井が打てないならしょうがない」と思わせる風格と信頼があった。

器用なバッティングと４番らしいバッティングと、好みがあるとは思うが、岡本選手には、「岡本が打てなかったから勝てなくてもいい」と思わせるだけの４番に成長してほしい。岡本選手はそれくらいの素質がある選手だ。

高橋由伸――クラシックな男

由伸さんは、法政大時代の田淵幸一さん（阪神）が持つ六大学のホームラン記録を抜いたことで名前を知っていた。田淵さんが22本の記録を打ち立てたところを、彼はそれよりも1本多い23本に更新した。

現役引退後、野球解説者となった僕だが、グラウンドにはあまり行かなかったので選手と会う機会は少なかった。キャンプ取材の時、松井さんに投げたいあまり、長嶋監督に「バッティングピッチャーやらせてください」とお願いしたことがあるから、由伸さんにも投げたことがあるかもしれない。この頃は勘違いする年齢になってきたから、確かではないけれど。

僕が21年に卒業した番組「Going! Sports & News」(日本テレビ系)の22年からの後任が由伸さんだったので、食事に行くことになった。関係者の方から「高橋がご挨拶したい」と連絡があり、僕は「気を使わないでください」と断ったのだが、結局、食事会を設けることで落ち着いたのだ。

わざわざ挨拶に食事会を開いてくれるこのエピソードでもわかる通り、彼はクラシックな男である。その食事会でも話した限り、由伸さんは僕ら世代と似通った考え方をしていると感じた。

彼はプレーでもクラシックだ。

たとえば、守備。外野の打球をダイビングして捕った場面が多く記憶される。無理しない選手も多いし、それはそれでとがめられないが、彼の場合はファイトマンというか、クラシックというか、男気というか、捕れるか捕れないかというところを飛び込む。だから怪我にも苦しんだわけだが。

外野手とピッチャーは試合中、物理的な距離が遠く、会話するケースもほとんどない。ただ、彼のように行為で見せてくれると、結果捕れても捕れなくても、ピッチャーはありがたいと思う。守備で頑張ってくれている彼がバッティングでもホームランを放ったりすれば、彼に応えるためにも「絶対抑えなくては」とピッチャーは思うだろう。

野球を見ていると、こんなヒーローインタビューがよくある。

「一生懸命投げてたんで、打とうと思いました」

「味方が打ってくれたんで、絶対抑えようと思いました」

これは「ほんとかよー」と偽善者らしく思われるかもしれないが、僕の経験からしても、選手たちの偽らざる本心だと思う。

由伸さんの場合は、そういう貸し借りが多かった選手なのではないか。ピッチャーのことを勝たせてあげようという思いがよくわかる守備を見せてくれていた。バッターは、しかも由伸さんのような強打者は、打って注目される。守備はあまり注目されない。それでも守備に本気な姿勢は、クラシックで信頼できる。

彼はバッティングもクラシックだ。掛布と比較すると面白いが、掛布は難しいボールをうまく打つ天才。それに対して、由伸さんは、自分のポイントは必ずホームランにする天才。しかも上に上げるのではなく、キレイな角度でスタンドに向かっている美しいホームラン。

守備でも打撃でも、由伸さんはスマートでクラシックなスタイルを貫いていた。

第4章

令和の巨人軍

巨人で育成はできるか？

「実力のパ、人気のセ」とは、僕らの時代から言われていた。

2021年にはヤクルトが日本シリーズを制したものの、それより前の8年間はいずれもパ・リーグの球団が日本一に輝いている（うちソフトバンクが6回）。また、22年の日本シリーズでは、やはりパ・リーグのオリックスが優勝した。近年は「実力のパ、人気のセ」の通りだ。

よく言われることだが、これにはDH制が強く影響していると思う。セ・リーグの場合、9番にピッチャーが入るので、もちろんバッティングのいいピッチャーもいるが、守るほうからすれば9人に1人は確実にアウトが取れる計算ができる。

ところがパ・リーグになると全員が打者だから、ピッチャーにとっては、息を入れたり抜いたりというリズムを作りにくい。リズムを作って息抜きをしているセ・リーグのピッチャーと、9人全員真剣勝負のパ・リーグのピッチャーでは育ち方が変わってくるというわけだ。

また、ドラフトで獲得できた選手層の差もあるだろう。ここ10年、注目選手を1位指名で獲得できているのは、パ・リーグのほうが多い。

とはいえドラフトや移籍で強い選手を集めてくれば勝てるわけではないというのは、ほかならぬ巨人が良くも悪くも示しているところだ。野球というのは面白いもので、全員が4番で成り立つかというとそうでもなく、打順や適材適所というものが存在する。

であれば生え抜きでたくさんの可能性を育成するのがいいわけで、まさにそれを行っているのがソフトバンクである。

これまでの章にもところどころ登場してきた達川光男は、僕の同級生だ。達川は、高校時代に僕ら作新学院が負けた広島商に所属していた。広島カープの監督にもなった彼は、2017年から18年にはソフトバンクの一軍ヘッドコーチとして、どちらの年もチームを日本一に導いた。達川コーチ時代に、引退決断のサヨナラ弾を打たれた小早川さんと対面する機会があったのは、1章にも書いた通りだ。

コーチを務めた達川にどうしてソフトバンクが強いのかを質問すると、システムがもう全然違うと。一軍、二軍の昔ながらのシステムで選手を選んでいるわけではない、と。要するに、たとえばピッチャーにしても、球が速ければコントロールはなくても、日本中からスカウトが集めてきて全部育成で入れてしまう。ドラフトとは違い、高校での成績も知名度も問わない。その代わり徹底した実力主義で、ものになる選手だけを残していく。

そういう大々的な育成システムがソフトバンクにある以上、しばらく巨人は追いつけないということを彼は言っていた。

確かに、パ・リーグではないが、一時、強かった時の広島は、ドミニカ共和国に置いた野球学校（アカデミー）から引っ張ってきた外国人が活躍していた。ドラフトでも移籍でも、従来のファームでもない、独自の育成ネットワークがものを言う時代になった。

巨人の場合、昔のV9からの伝統で、毎年勝たなければいけないという宿命があるから、どうしても育成に時間をかけるのは難しい。2、3年は優勝しなくても、勝てなくてもいいから選手を育てなさいというのであれば変革もできるだろうが、それはできない。

育成が主流になった現在の野球界で、育成が一番難しいのは巨人かな、とは思う。

球団間の交流は必要か？

セ・リーグとパ・リーグの差として、ダルビッシュ有投手はフィジカルの差があると言っていた。セ・リーグはビジターではトレーニングルームが使えない。パ・リーグでは球団間で公開していて、ホームでもビジターでも心置きなくトレーニングができる。それがフィジカルの差につながっているという意見だった。

ダルビッシュ投手が言うことは、僕がパ・リーグを経験してないだけにわからないが、多分、言われていることは正しいのではないかと思う。

昔はテレビでは巨人戦しか放映していなかったように、巨人中心に閉鎖的だったセ・リーグに対し、設備でも交流でも、何につけても新たな常識を開拓してきたのは確かにパ・リーグだろう。

とはいえ僕は、野球界には閉鎖的な部分も必要だと思う。

以前、掛布と話した時にお互い同意見で盛り上がったが、昔は携帯電話もなく、ワールド・ベースボール・クラシックやオリンピックのような全日本の機会もなかったし、交流戦もなかった。選手同士が球団の垣根を越えて仲良くなる機会がほとんどなかった。ライバル掛布とちゃんと話したのも、お互いの引退後だった。

今では連絡先を交換して、携帯電話でシーズン中にも連絡を取り合うというのが普通に見られる。

ただ、シーズンオフは仲良くても、シーズン中に仲良くするのはやめてもらいたいものだ。野球は勝負事なのだから、危機感を持って取り組むべきだし、仲良くなれば、お互いに手の内や性格もわかってしまう。

メジャーでは昔からよく見る光景だが、塁に出たランナーとファーストが喋っているのをプロ野球でも頻繁に見かけるようになった。選手たちにはそういう馴れ合いは勘弁してもらいたいし、カメラもなるべくならそういうところを映さないでほしい。

応援している選手が試合中に相手チームと仲良く喋っているのを見ると、一気にしらけてしまう。

セ・パが交わる交流戦は、野球ファンの皆さんに飽きずに楽しんでもらうためにも賛成だが、いずれにしても試合中は「真剣で」いてほしい。

「巨人は初ものと左投手に弱い」は本当なのか？

「巨人は初ものに弱い」「左投手に弱い」とよく言われることがある。

巨人は昔から、他球団からの移籍が多い、ビッグネーム集団だ。強打者が多く、その中には左打者も多い。一般的に左打者は左投手が苦手とされるので、左投手に弱いのは、なんとなく説明がつく。

初ものに弱いのにも、僕なりの説明がある。

初めて投げるピッチャーは「思い切って投げてこい」なんて言われて出てくるはずだ。相手が巨人のような強打者揃いであればなおさらだ。それでがむしゃらに投げてくる。

むしろ経験のあるピッチャーのほうが、バッターの強さを知っているから、怖くなってしまう。打たれた経験もあるだろう。「あ、ここ投げたらホームランにされる」とか「この人には打たれる」という、不要な意識を持ってしまう。

初もののピッチャーも最初のうちは巨人にハマる可能性があるが、一度打たれると、怖くなって投げづらくなる。投球も慎重になり、フォアボールは増える。フォアボールでランナーがたまったところに、一発を打たれる。そんな悪循環に苦戦する。

プロに入ってきて一軍で先発をするというからには、初ものであろうと力のあるピッチャーだ。

巨人は個の力が強いだけに、分析力で戦うチームではない。対戦する初もののデータが少ないばかりに、1試合目では苦戦するのだろう。もちろん、シーズンを通して戦っていくうちにバッターも学習するから、2年目もピッチャーが同じように投げていたのでは今度は打たれてしまうだろう。

結果、初ものだけには成績を落とすように見えるのである。

リーグワーストの与四球

2022年シーズンでは、セ・リーグで最も多く四球を与えていたのが巨人だった。21年も、1位ではないものの2位につけていた。フォアボールを出して、巨人が自ら崩れていくというパターンを目にした方も多いだろう。

推測でしかないが、これは桑田コーチの「影響」によるものではないだろうか。桑田コーチは、21年は一軍投手チーフコーチ補佐を、22年は一軍投手チーフコーチを務めた。

桑田コーチが悪いというわけではないが、ギリギリのところにコントロールよく投げていくという指導が多分あったと思われる。ピッチャーの一番の資質はコントロールだと強く考えている人だから。以前、彼とはピッチャー論を話したこともあるので、これは確かだ。

ギリギリのところにコントロールよく投げられればそれに越したことはないのだが、慣れない投手がギリギリを狙うと、当然、ボールも増える。特に最近のプロ野球は、ストライクゾーンがサイドに狭くなっている印象で、このことも与四球数を伸ばす原因になっていると思われる。

また、投高打低の中で、キャッチャーに「打てる捕手」大城卓三《たくみ》選手を起用することが多いのも原因ではないだろうか。要は守備、リード面よりもバッティングを優先した采配なのだが、キャッチング技術では大城選手にはまだ伸びしろがある。

キャッチャーはつくづく大変な仕事だ。ベンチに帰って「フォアボールを出すな」と怒られるのは、ピッチャーよりもキャッチャーであることのほうが多い。今度はフォアボールを出さないように中央にボールを集めると、「なんで真ん中に投げさせるんだ」となる。

谷繁元信さん（中日など）は「構えたところにはどうせ来ないんだから」と言ったが、キャッチャーはそれくらいの気持ちでいるほうが大成するだろう。

ウォーカーの守備力

投高打低の中で「バッティング優先」という方針から、2022年、キャッチャーに大城選手を起用する機会が増えたのではないかとは、今言った通りだが、同じ方針で起用されたのが、助っ人外国人のウォーカー選手ではないだろうか。

一軍外野守備走塁コーチの亀井善行さん付ききっきりの指導の甲斐あって、シーズンが進むにつれ上達したものの、シーズン当初の守備は見ていられないものだった。

メジャーリーグでは近年、打撃に秀でた中南米出身選手が増えてきたからか、リーグ全体で打力が上がってきた印象がある。どのチームもバッティングを重視してオーダーを組んでいる。

はっきり言って、守備は昔のメジャーのほうが上手だ。（米独立リーグ出身の）ウォーカー選手もそうだが、メジャーでもマイナーでも、まず打力を評価され、守備は二の次になっているという傾向がある。

日本に来たウォーカー選手は、守備練習はしているが、やはり打力に期待される選手なので、守備固めで代えられることが多かった。確かに、たとえば8回リードの場面で、もう打順が回らないのであれば、守備要員に代えるのが得策だ。

ただ、それで本当に守備が上達するのだろうか。昔だったら、交代させるより前に守備をちゃんとできるように育てる、という発想があったが、果たして、23年の巨人ではどうだろうか。ウォーカー選手をどう起用するかに注目していきたい。

ちなみに守備についてはは注文をつけさせてもらったが、バッティング技術については、僕はとても高く評価している。さすがにヤクルトの村上宗隆選手にはかなわないが、インコースも割と打てるパワーヒッターで、本当に素晴らしいセンスをしていると思う。

ベテラン2人の入団

そのウォーカー選手とポジション争いをする可能性があるのが、広島から巨人に戻ってきた長野《ちょうの》久義選手だ。おそらくは大事な場面での右の代打という起用になると思うが、38歳の今も残る長打力は魅力的だ。僕と同じ、ドラフトを3回経験し、巨人が好きで入団しただけあって、戻ってきた今、結果を残そうと、本人は非常に張り切っているだろう。

長野選手と同じく、巨人に移籍したベテランが、前ソフトバンクの松田宣浩《のぶひろ》選手だ。静かに実力を出す長野選手に対して、「熱男《あつお》」と呼ばれる松田選手には、巨人に入ってもチームを引っ張るムードメーカーの役割を期待したい。ソフトバンクは長年日本一になっているチームだから、その経験を若手に伝えていければ、貢献度の高い選手になるだろう。

そういうムードメーカー的存在は巨人にそぐわないという方もいるだろうが、とんでもない。僕らの頃には、中畑さんがいた。点数が取られていても、「逆転できる」なんてチームを盛り上げられるファイトマンは貴重だ。だから僕は、松田選手の巨人移籍のニュースを聞いて、これは非常にいい人が入ったと思った。

松田選手の場合、メンタル面以外では、バッティングよりも守備での貢献が多いだろう。7、8回になってリードの場面に守備固めで交代するという起用法が想像できる。

ただ、松田選手が守るサードには岡本選手がいる。2022年の岡本選手は20年、21年に比べると守備に難があったので、松田選手の上手なところを倣って守備も上達すればいいと思っている。

松田選手は守備での貢献のほうが大きいとは言ったが、長打力だってある。長野選手、松田選手、2人とも長打力のある右打者なので、巨人が左投手に弱いのも少しは改善されるのではないだろうか。

ドラフト1位の実力やいかに⁉

ウォーカー、長野両選手と同じ外野手で、巨人がドラフトで1位指名し、阪神との抽選を経て獲得したのが、高松商の浅野翔吾選手だ。ドラフトについて私がコメントするのも……という冗談はさておき、巨人にとっては久々に1位指名を抽選で引き当てたということになる。

巨人には現在、若手ピッチャーは相当いるので、バッティングを重視した指名になったのだろう。

本音を言えば、年齢もあり、坂本勇人選手に故障が生じているので、未来のショート候補を獲りたかったが、高卒野手では合う人がいなかった。それで、1位では期待の浅野選手を指名して、4位指名でショートの門脇誠選手（創価大）ということになったのではないか。

浅野選手は外野となると、熾烈な競争にさらされることになる。外野から内野への転向はまず難しいし、巨人には丸佳浩選手をはじめ外野が揃っている。増田陸選手もいるし、どうなるかわからないが、現役ドラフトではオコエ瑠偉《るい》選手も獲得した。また、いつも新助っ人外国人も外野手であることが多い。

対して浅野選手は、高校時代に通算68本のホームランを打っているから、体の反発力というかパワーはあるのだが、プロ野球選手として171センチの身長は小柄だ。外野で4番という道は危うい。

そうなると、4番を打ってきた高校時代から意識を変えて、2番を狙うというのも

1つの選択だ。巨人であれば、上宮高校で4番を打つほどの強打者でありながら、プロ入り後は「クセ者」として2番を担った元木大介さんの例が思い浮かぶ。

本人は1番センターを目標に据えているとのことだ。高校の時にイチローさんに絶賛されたというバッティングを持つ浅野選手だから、器用に球団内の競争に勝ち残ってもらいたい。

坂本選手の天才的なインコース打ち

坂本選手は2章でも触れたが、インコースが得意なバッターだ。インコースの中でも、インローは距離が取れるので比較的簡単だが、インハイはバットが近いので、芯に当てようとするとどうしてもスイングが小さくなる。スイングが小さいと、当然のことながらボールは飛ばない。

また、インコースはバットのヘッドを返さずにポイントを前にして打たないと、ボールにかかる回転の影響からファウルボールになってしまう。むろん、僕らピッチャーはファウルを狙ってインコースに投げている。

だからインコース、特にインハイを長打にするには、バッティングフォームをある意味崩して対応し、そして速く振りぬくことによってスイングが小さい分のパワー不足をカバーしないといけない。

これはプロでも相当難しい技術だが、坂本選手は1年目からこの「インコース打ち」に秀でていた。それを見て、ヒットを量産できるバッターなのは間違いないと思った。

実際、2000安打にプロ歴代2位の年少で到達した。

デッドボールが少ないのも、インコースが得意だからだ。インコースに投げれば簡単に打ち返されるのはピッチャーもわかっているから、外側を中心にボールを集める。また、そもそもインコースが上手というのも体の使い方がうまいからであって、デッドボールが来ても避ける能力があるのだ。

逆に、外側が得意なバッターは体を大きく出すから、インコースに来た時にデッドボールになることが多い。いずれにせよ、デッドボールが少なく、欠場や途中交代が少ないことも、ヒットの早期量産につながっている。

ただ、坂本選手はチームを引っ張っていくというタイプではないと思っていたから、2015年からチームのキャプテンに任命されたのは意外だった。キャプテンを務められるような人格に、原監督が育てたということだろう。

23年からは、岡本選手がキャプテンということらしい。チームの若返りや岡本選手の復調を期待してのことだろうが、背景には22年、坂本選手が故障に苦しんだこともあるのではないだろうか。

5月は右膝、7月は腰を理由に戦線を離脱した。ショートは動きが多彩で上半身と下半身をつなぐ腰に負荷のかかるポジションだ。おそらく膝を痛めた原因も、弱っていた腰が耐え切れず、膝に体重をかけていたからではないだろうか。慢性的に腰を痛めていたからか、らしくないエラーも連発した。

投手の命は肩だが、野手の命は腰だ。ショートの名手として、チームを率いるベテランとして、坂本選手がコンバートされる可能性は少ないだろう。体を酷使するポジションだけに、坂本選手には相当な覚悟が必要だ。

とはいえ、坂本選手にショート以外を守らせてみるのも面白い。もともと坂本選手がショートに定着したのも、それまでショートを守っていたこれまた名手の二岡智宏さんが怪我をしたからで、言ってしまえばタイミングだ。坂本選手は2023年も怪我に苦しむようだと、ショートのスタメンは若手に奪われるだろう。

岡本選手はなぜ不調に陥ったのか？

ジャイアンツが低迷する可能性があるとしたら、坂本選手か岡本選手がカギだとは思っていたが、22年、まさかどちらにも問題が発生するとは思わなかった。

岡本選手の不調の遠因の1つには、坂本選手の不調と離脱があったと思う。打者が1人抜けると、4番がやらなくていけない仕事が増える。前にも言ったが、岡本選手は4番にしてはボールが待てない印象だが、それに拍車がかかったのには坂本選手の離脱があったのではないだろうか。

ボールが待てないとはどういうことかというと、本来の彼のテイクバックが上がり切る前にバットを前に出してしまっていた。これでは弓を張らないで矢を放っているようなものだ。

また、掛布が「センター側から背番号が見えすぎじゃないか」と表現した通り、スタンスが彼本来のオープンスタンス（捕手側の軸足をベース方向に踏み込んで構える）から、クローズドスタンス（前足をホームベース方向に踏み込んで構える）気味に変わっていった。

クローズドスタンスで肩を前に入れ、体を大きく回転させたほうが飛ぶ感じがするのだろう。ただ、これだとバットが出てくるのが遅くなる。タイミングがずれ、ボールは上にポーンと上がってホームランになるべき球が内野フライになる。

おそらく本人はタイミングが合っている感じなのだろう。だが本来のスイングではないから、実際はずれている。ますます強く打ち込みたいと思ってフォームが崩れてくる。こんな悪循環があったのではないか。これがもっとひどくなってくるとイップスに陥り、もうバットを振ることすらできなくなる。

このままいくと4番も代えられるのではと思っていたところ、本当に中田選手に代えられた。原監督も苦渋の決断だったに違いない。

打率が低い4番では勝負にならない。ピッチャーはクリーンナップに入る前、バックスクリーンを見る。打率を確認したりして、安心材料を探すためだ。バッターのほうを見ると威圧感に負けそうになっても、バックスクリーンを振り返って「なんだ、打率2割4分か」とか「本塁打少ないじゃん」とか、あらためて自分に言い聞かせて安心させるのだ。僕はやらなかったけれど。変わり者だから。

とにかく、数字がついてきているバッターはピッチャーにとってはますます怖いし、打順の割に数字にいいものがないバッターに対してはピッチャーも緊張せずに投げられる。勝負強さや復調への期待だけでは4番に据えることはできないのだ。

岡本選手は不動の4番に返り咲けるか？

巨人の4番として1000試合以上に出場した人はこれまでに4人しかいない。1000試合というと、7年間から8年間ほど4番を務めなくてはいけない。

1位は川上さんの1658試合。2位は長嶋さんの1460試合。3位は王さんの1231試合。だいたいの方が予想する通りの3人だ。

4位が原監督で1066試合。あらためて、素質としては4番タイプではないにもかかわらず4番の重圧を背負い続けた原監督はすごい。

1000試合を超えるのはここまでの4人だけだが、実はその下につけているのが岡本選手だ。一気に半減するが、2022年終了時点で589試合。堂々の5位である。

自身の4番在位記録に並ぶ、巨人の歴史に残る不動の4番に育てあげようと、原監督もなんとか考えているに違いない。キャプテンに任命してさらなる責任を与えたのもその1つだろう。

岡本選手に代わり4番になって以降、日本ハム時代の活躍を思い出すかのように中田選手はいきいきと実績を積み重ねた。2023年、岡本選手は4番の座を奪い返せるか。復調に期待したい。

巨人・4番としての出場試合数ランキング

	選手	試合数	打率	打数	安打	本塁打	打点
1	川上哲治	1658	.317	6420	2034	162	1130
2	長嶋茂雄	1460	.314	5396	1694	314	1075
3	王貞治	1231	.315	3994	1258	392	1009
4	原辰徳	1066	.279	3940	1099	255	729
5	岡本和真	589	.267	2217	591	146	432
6	ラミレス	511	.308	1978	610	139	407
7	阿部慎之助	505	.287	1790	514	97	343
8	松井秀喜	470	.322	1660	535	138	349
9	中島治康	410	.283	1648	467	34	266
10	落合博満	331	.292	1149	335	48	199

※2022年シーズン終了時点

菅野VS村上に見る菅野選手の持ち味

菅野智之投手が初めて投げているのを見たのは、東海大の時。高めに速いストレートを投げるというイメージで、巨人入団後も当初はストレートで空振りを取っていた。近年は年齢（33歳）もあるのか、どうしてもスライダー系の球数が増えてきて、もともとストレートがいいピッチャーだからストレート中心に戻ったほうがよくなるのではと思っていた。

もちろん変化球も上手だし、プロのなかではコントロールもいい。最近は左バッターのインコースに投げてファウルにさせることも覚えているようで、なかなか技巧派なピッチングを見せてくれる。

２０１６年から18年には3年連続で最優秀防御率を記録したが、これは簡単には獲れない記録だ。最多勝や奪三振といった数字は、エースであれば自然とついてくるが、1本ホームランを打たれるだけで防御率というのは途端に下がってしまう。

だから菅野投手は、バッターからすればホームランを打ちづらいピッチャーと言えるだろう。あの村上選手になかなかホームランを打たれなかったというのも、その特徴をあらわしていると思う。

2022年のシーズンを終えてみれば、菅野投手は村上選手にホームランを打たれはしたものの、プロ歴代1位タイとなる村上選手の15打席連続出塁記録を止めたのも菅野投手だった。その対決では、キャッチャーフライに見事打ち取っていた。

ストライクゾーンよりボール1個分高いところに投げた菅野投手がうまかった。あと半個高かったら振らなかっただろうし、もう半個低かったらヒットにされていた。最初の打席ということで、菅野投手の球速の感覚が摑めないなかで振らせたバッテリーの勝ちだった。

菅野投手はインコースの同じところに投げるのでも、ストレートとカットボールとスライダーという3つの選択肢があり、インコースに強い村上選手でも曲がりを見極めるのは難しいのだろう。また、ホームランバッターにインコースを攻めるコントロールと度胸も、菅野投手の持ち味だ。

菅野投手の今後の課題は？

菅野投手の例を見てもわかる通り、ホームランを打ちづらい投球というのはどういうものかというと、ただ低めにボールを集めるという投球ではない。バッターのタイミングをずらす工夫が必要だ。

菅野投手は年齢もあり、これから先ボールが走らなくなっていくだろう。どう戦っていくのかは自分で決めなくてはいけない。プロの世界では2、3キロ球速が落ちるだけで、バッターからするとまったく怖い球ではなくなってしまう。彼の場合もこれまで球速があっただけに、落ちた時の捉えやすさはかなりあると思う。

これからの課題として、もともとよいものを持っているコントロールを重視していくのか、バッターの特徴を知って騙し方を覚えていくのか、ストレートを見せながら落ちるスライダーでかわしていくスタイルに本格的に突入するのか、いろいろ選択肢があるだろうが、どれを選んで磨いていくかという難しい時期に入っていると思う。

僕も肩を壊してから、ストレートの球速が落ち、直球勝負で三振を取るのが難しくなった。もともとフォークボールも投げられないから、もうコントロールに頼るしかなかった。結局、現在の菅野投手の年齢よりも若いうちに引退せざるを得なかった。

球速がついてこなくてもどう戦っていくかのお手本は、山本昌さん（中日）だろう。山本昌さんは130キロ台の表示で、速いピッチャーではないが、それでもバッターが速く感じるのには理由がある。バッターがギリギリ打たないコースにはゆっくり投げ、それを見てバッターが振りにいくと、今度は速く投げる。球速とコースをコントロールできたから、年齢が上がっても勝負ができたのだろう。

そういう緩急というか、マジックを武器に、バッターのデータを蓄積していけばいい。菅野投手の野球脳があれば、そうしたことができると思う。

僕も経験したからわかるが、巨人のエースとしての重圧は相当なものがあるに違いない。僕は2回勝ったら1回負けてもいいくらいの気持ちで投げていたが、それくらいがちょうどいいのかもしれない。いや、そんなだったから僕は150勝に届かなかったのかもしれない。

新たなエース、戸郷翔征

巨人には、菅野投手もいるが、戸郷翔征《しょうせい》投手もいる。2022年は、菅野投手の10勝に対し、戸郷投手は12勝を挙げた。戸郷投手は19年入団で、21年には9勝を挙げている。巨人のエースは菅野、戸郷の二枚看板の時代が来たというところか。

戸郷投手の22年の特筆すべき数字は、リーグ最多を記録した154奪三振。立派な記録だ。

彼はストレートも変化球も得意で、まさに緩急があり、バッターは打ちにくいと思う。独特のフォームで、投げているポイントが高いため、あまり速いボールが来るという感じがしないのが、うまくバッターを騙せている。独特なフォームと変化球に惑わされているうちに、速球で空振りをしてしまうというわけだ。最高の投手だと思う。

戸郷投手の課題としては、「え？」と思う時にフォアボールを出すというくらい。いい投手だけに、これはもったいないと思う。重心が高めの選手なので、手先が少し狂うとすぐボールにずれてしまうのではないだろうか。

与四球は2021年（58）から22年（51）であまり改善されなかったので、23年に期待したい。フォアボール癖が抜けるだけで、2、3個は勝ちが伸ばせると思う。

新守護神の誕生

22年の巨人の采配では、大勢投手を抑えで起用したというのは驚きだった。ドラフト1位で指名しているだけに、先発だろうと予想していた。

以前に抑えを務めてきたデラロサとビエイラの外国人2人はコントロールに難があっただけに、コントロールがよくて本人も抑えを志望していたという大勢投手がピッタリはまったのだろう。

開幕戦での初登板は怖々投げているという印象を受けたが、それでセーブを獲得したことで自分のストレートに自信を持てたのだろう。その後も順調に記録を伸ばし、プロ野球史上初となる初登板からの7試合連続セーブと、新人最多タイとなるシーズン37セーブを記録。新人賞にも輝いた。2章でも解説した通り、まさに初出場で成功してルーキーの壁を突破できたというわけだ。

特にシーズン前半はフォアボールも少なかったし、ストライクゾーンで勝負してすぐにバッターを追い込める、いいピッチャーだ。会って話したことはないが、強心臓なのだろう。

先にも書いたが、僕と同じヒールアップ投法で、そういう意味では身体能力もかなり高いのではと推察する。ヒールアップはバランスを崩してコントロールを悪くするデメリットもあるが、それでも1年を通じてコントロールを落とさずにいたから相当な選手だ。

1年間投げ切ったことで疲労もたまっているだろう。体の手入れを怠らずに2年目を通して投げられるかどうか見守っていきたい。活躍してほしいと思う。デラロサもビエイラも退団したから、23年も抑えは大勢投手になるだろうが、プロのバッターは手ごわい。1年戦うと速球にもだいぶ目が慣れているだろうから、簡単にはいかないだろう。

大勢投手のフォークはなぜ怖いのか？

僕がどんなふうに野球を見ているかがよく伝わると思うので、大勢投手の2022年の登板から2つ紹介したい。

1つ目。負ければクライマックスシリーズ出場の可能性が消滅する、10月1日のDeNA戦を取り上げたい。0対1で負けていた8回裏、無死満塁のピンチに大勢投手が登板した。

結果は3者連続三振で、決め球は1人目がストレート、2人目と3人目がフォークだった。このフォークに注目したい。

確かに、素人目には「あんな球なんで振るのか」とも思える。しかし、大勢投手の場合はストレートがあまり高いところにいかないのと、フォークにあまり落差がないことが功を奏して、バッターにとってはストレートかフォークかを判断するのが難しいのだろう。千賀滉大投手の「お化けフォーク」とはまた違った怖さのあるフォークなのだ。

ただ、欲を言えば、あのDeNA戦、抑えて喜ぶというのは……。抑えて勝ったわけではない。抑えてもまだ0対1で負けているのに変わりはない。逆転をめざすのに「やったー!」では空気を軽くしてしまう。感情を抑えて球場の空気を重くすることで、味方のバッターに「逆転しなきゃダメなんだ」というプレッシャーを与えられる存在になれれば、役者として1つ上がったと言えるだろう。

結果、続く9回の表は無死一、二塁のチャンスを作ったものの、巨人は得点を挙げることができなかった。4番、5番がともにアウトになってしまったのは残念だ。

ピッチャーとキャッチャーの誤差

2つ目は、5月8日のヤクルト戦。3対2で勝っている9回表に登板し、2点を取られ、巨人は逆転負け。大勢投手にとっては初のセーブ失敗となった。

先ほども書いた通り、大勢投手はストレートを投げ込んでいき、フォークで三振を奪うスタイル。なぜフォークから入らないかというと、フォークが見逃されれば見逃されるほど、バッターからすれば次はストレートの確率が高まってくる。逆にストレートから入れば、次の球がストレートかフォークかは五分五分のままで、バッターに決め打ちされる可能性は抑えられるからだ。

交代を告げられたピッチャーは、マウンドに上がると最大8球の準備投球を行う。5月8日の大勢投手の準備投球は、球速や球威はさすがだったが、ボール半個から1個のずれでボールゾーンに集まっていた。

ここで、キャッチャーの感覚とピッチャーの感覚にちょっとしたずれが生じる。キャッチャーは、結果的にはボールゾーンに入ったとしても、球が抜けているわけではないし、ギリギリを攻めているから、調子は悪くないと判断する。これであれば空振りが取れると判断する。

ピッチャーとしては、本来ストライクゾーンに入る球が入らないわけだから、調子が悪いということになる。いくら観客が球速にどよめいたりしても、関係ない。

なぜ関係ないかというと、バッターにとって「速いボール球」はまったく怖くないからだ。ストライクゾーンから外れることが読めた時点で、球速には注目しない。いくら速くて強い球でも、ボールゾーンに入る球はまったく気にしない。

球速が速い球が「いい球」ではない。ストライクゾーンに入るか、あるいはストライクゾーンに入ると錯覚する球で、それが速いから「いい球」なのだ。

僕はこの準備投球のストレートの調子の悪さを見て、これは打たれるぞと思った。

さて、キャッチャーからすれば「いい球」なので、この日もストレートが先行した。しかも打順が下位から始まったから、ストレート中心で攻めて大丈夫という判断になった。2日連続で満塁ホームランを打っていた村上選手は怖く、クリーンナップまでまわしてはいけないという危機感もあっただろう。

ただしピッチャーからするとコントロールの調子が悪いストレートなので、ストライクゾーンに入れよう、入れようと思うほど、甘い球になってしまう。いつも大勢投手のボールがいくところとは半個から1個ずれがあった。そしてプロのバッターからすれば、ボール半個分違うだけで打ちにくかった球が一気に打ちやすい球へと変化する。

簡単には言えないが、準備投球でのストレートの精度を受けて、この日のピッチングは変化球をいつも以上に織り交ぜてもよかったのではないかと思った。

村上選手54号&55号の裏側

1章に書いた通り、かつて巨人はバースの55号を敬遠攻めで「阻止」したが、村上選手の55号からは逃げなかった。2022年9月13日の巨人・ヤクルト戦で、村上選手は54号を菅野投手から、55号は大勢投手から打った。

菅野投手と村上選手の1つ前の対決は、村上選手の連続出塁記録を14打席でストップさせたあのキャッチャーフライである。本書でも先ほど解説した。

村上選手が54号にしたボールは、その時と同じインハイのストレートだった。キャッチャーフライに打ち取った時と同様、球は悪くない。ではなぜ13日はホームランにできたのか。

連続出塁が途絶えたのはその試合の1打席目であり、村上選手は記録更新のために打ちにいっていた。しかし、インハイは詰まってフライに。対して、54号はその試合の2打席目だった。1打席目にボールの速さを見たあとだと、バッターの対応力は格段に向上するのだ。

大勢投手から打った55号は、普通はホームランになりようがないボールだ。アウトコース低めで、大勢投手はサイドスローだからシュート回転して外に逃げていく難しい球だった。掛布が打球をフックさせてホームランにした僕のアウトハイは1章に書いたが、大勢投手のアウトローもやはり普通は打ってもボールの勢いに負けてファウルになるボールだ。

これを村上選手は掛布とはまた違った「力技」でホームランにした。並外れたスイングスピードでシュート回転を殺したのだ。確かにスイングスピードを上げてあのようなボールをサード越えヒットにする選手は過去にもいたが、それをスタンドにまで持っていくというのはちょっと考えられない。

このような方法でホームランにできるのだと、見ていて解説者としてむしろ勉強させられた。大勢投手もまさか打たれるとは思ってなかっただろう。

この試合、結果として2本のホームランを村上選手に打たれたが、大打者を前に勝負から逃げなかった巨人は偉い。

正捕手問題

一般論として、ピッチャーがキャッチャーに求めるのは、マウンドでバッテリーが考えなくてはいけないことが100あるとして、このうちいくらを負担してくれるかということだ。もちろんランナーに走られた時に刺してくれる肩と、キャッチングの技術も気になる。一言で言うなら守備力だ。

逆に言うと、キャッチャーの打力をピッチャーはあまり気にしない。バッティングを気にするのは、打順で横に並ぶ野手たちだ。だからピッチャー出身の監督はキャッチャーの守備力重視、バッター出身の監督は打撃力重視の傾向がある。

原監督はバッティング重視だろうから、大城選手と小林誠司選手なら大城選手をスタメンに選びたいのだろう。もともと大城選手はバッティングは得意でも守備力で小林選手に劣っていたのが、段々と守備力も向上してきたから、2022年のスタメンは大城選手104試合、小林選手は29試合ということになった。とはいえ、肩を中心に守備力においてはいまだ小林選手に軍配が上がる。

22年こそ菅野投手が投げる時も大城選手が受けることが多かったが、かつては菅野投手の女房役といえば小林選手という印象が強かった。

菅野投手が小林選手を好むのは、菅野投手のコントロールがいいからだ。コントロールがいいピッチャーは、キャッチャーのミットが動くのを嫌う。自分が投げたボールがどこにいったかを正確に把握できないのが気持ち悪いからだ。小林選手は今の巨人では最もミットの動かないキャッチャーだ。

逆に、コントロールが微妙なピッチャーは、フレーミング（捕球時にミットを動かして際どいボールをストライクにする）の得意なキャッチャーを好む傾向にある。かつてヤクルトの古田敦也さんは、フレーミング技術でピッチャーのコントロールをカバーしていた。

キャッチャーは経験を積んでいく中で、バッテリーの心理や戦略が身についてくる。そうすると逆に相手バッテリーの攻め方も想像できるようになってくる。だから理屈の上では、リードが上達したキャッチャーはバッティングも上達する。

ただ、捕手はやるべき仕事が多いから打順を下げられることが多い。しかし打順が後ろのほうだとバッティングにかける意識は薄くなる。逆に打力が揃わないチームでは、捕手の打順を上げざるをえず、リードとバッティングの上達という相乗効果が生まれる可能性が高い。近年の成功例としては、6番バッターを任されるようになったヤクルトの中村悠平選手がいる。

巨人の場合、打者は揃っていることもあり、小林選手の打力が育つことはなかった。はたして大城選手からスタメンを奪い返すことはできるのだろうか。

とはいえ、僕もピッチャー出身だけに、キャッチャーの守備力を重視する。特に勝っている試合で、持っている点差をうまく活用できるキャッチャーが望ましい。たとえば2対0の2点差なら、無失点を狙わずにいかに「1点をあげるリード」ができるかどうか。無理な勝負を避け、確実に守れるキャッチャーを僕なら使いたい。

リーグワーストの防御率

2022年の巨人は、終わってみると5年ぶりのBクラスに沈んだ。

春先はひいき目なしで一番強いと思っていたが、岡本選手の急な不調や坂本選手の離脱、選手たちのコロナ感染に苦しめられ……。打順の変更をせざるを得なくなり、ホームランが入って大量得点で勝つ日と、いいピッチャーに当たって0点に抑えられる日とを繰り返す両極端になってしまっていた。

注目すべき数字としては、先に挙げた与四球数と同じくリーグワーストの、チーム防御率3・69がある。ピッチャーに若手が多く使われて一生懸命頑張るけれど、2カ月くらいすると疲れが見えて打たれるようになり、また別の若手に代えるという循環があった。

8人が初勝利、戸郷や大勢両投手の目覚ましい活躍というふうに、いい意味で捉えれば若手の成長だが、悪い意味で言うと先発の柱を欠いたということだ。

野手出身の監督は、かつての中日の落合博満監督と森繁和コーチの関係性のように、投手コーチに投手起用を任せることが多い。21年まで投手総合コーチを務めていた宮本和知コーチは実績がある人を中心に組み立て、よっぽどいい若手は起用するという方針だったように見えるから、若手中心起用は桑田コーチのやり方だったのだろう。

首脳陣刷新でどう変わる?

巨人は2023年シーズンに向けて、首脳陣を組み替えた。

桑田投手チーフコーチは、ファーム総監督に。22年は若手の積極起用で腕を見せたことを受けて、今後は若手の発掘を担うと思われる。僕の勘だが、ソフトバンクを意識しているのではないか。ソフトバンクは23年から四軍が稼働するように、ますます若手の発掘と育成に投資をしている。桑田さんも将来性のある投手を探して見極める職務につくのではないか。

新たに投手チーフコーチに加わった阿波野秀幸さんは、巨人ではかつて一軍、二軍、三軍のいずれも投手コーチを務めた経験がある。21年までは中日の投手コーチとして手腕を発揮していた。

阿波野さんは桑田さん同様、コントロール重視のピッチャーで、若手の育成に定評がある。育成や指導方針は大きくは変わらないだろうが、起用には好みが出るので、どうなるか。

結果として「去年も使ってもらえたから今年も使ってもらえる」という甘い考えは許されないだろうから、若手の引き締めとしていいかもしれない。

22年のファーム総監督、川相昌弘さんは、一軍の総合コーチへ。

巨人の22年はヤクルトに次ぐチーム163本塁打を記録しながら、チーム打率はリーグ最下位の2割4分2厘に落ち込んだ。つまりホームランバッターはいても打線がつながらなかったのが課題だったから、バントの名手で、細かい野球をやる川相さんの考えを採り入れようという人事だろうか。打順がどう変わっていくかに注目したい。

ヘッドコーチは元木さんに代わって、阿部慎之助さんになる。阿部さんとしては、一軍作戦兼ディフェンスチーフコーチから、ヘッド兼バッテリーコーチというふうに肩書きが変わったことになる。後々の監督人事にもつながる布石なのだろうが、キャッチャー出身だけに、防御率や与四球数の改善に向けてバッテリーを改革するという意思のあらわれだろう。

ヘッドコーチを外れた元木さんは、作戦兼内野守備コーチという、きわめて元木さんらしい肩書きになった。あの長嶋さんに「クセ者」と認められたのは、やっぱりすごい。元木さんのよさは、人が考えないことを考えることだ。勝負どころで監督に「これはどうでしょうか？」というふうに進言するだろうから、ヘッドは外れても元木さんのよさは引き続き活かされるだろう。

打撃チーフコーチには、巨人の首脳陣入りは初めてとなるデーブこと、大久保博元さん。

大久保さんとは何回か話したことがある。OB会も中心になって動いて盛り上げてくれていた。おおらかで、誰とでも話ができる性格を持っているのはプラスだ。鎧を着ないというか、いい意味で先輩方にも構えないから、打撃の改善に向けて進言もたくさんしてくれるだろう。現役時代は天才的なバッティングだっただけに期待させてくれる。

また、大久保さんは監督経験があるのもプラスだ。西武や楽天での指導経験からパ・リーグにも詳しく、そのあたりの手腕は交流戦やトレードにも影響していくだろう。首脳陣を全員見ていくとキリがないからここでやめるが、これだけを見ても、適材適所の配置になっている。

2023年シーズンの巨人の行く末が楽しみだ。

本書のもととなったYouTubeチャンネル「江川卓のたかされ」では、元プロ野球選手、野球解説者としておなじみの江川卓が、自身の経験をもとに「野球をもっと好きになる・理解が深まる」コンテンツをすべての野球ファンの皆様に向けて発信しています。

▼動画視聴・チャンネル登録はこちらから

https://www.youtube.com/@egawasuguru

著者略歴

江川 卓（えがわ・すぐる）

1955年5月25日、福島県いわき市に生まれる。高校時代（栃木県作新学院）にノーヒットノーラン12回、145回無失点など数々の記録を達成し注目を集める。法政大学時代は1年生からエースとなり、在学中六大学4連覇を達成。歴代最多記録の17完封、歴代2位の通算47勝をマーク。1978年巨人入団、1979年プロデビュー。在籍9年間で、MVP1回、最多勝2回、防御率1位1回。1987年の現役引退以降は野球解説者として活動する。2022年に開設したYouTubeチャンネル「江川卓のたかされ」はすでに登録者数が22万人を超えている。

SB新書　613

巨《きょ》人《じん》論《ろん》

2023年4月15日　初版第1刷発行
2023年4月18日　初版第2刷発行

著　者　江川《えがわ》 卓《すぐる》
発行者　小川 淳
発行所　SBクリエイティブ株式会社
〒106-0032　東京都港区六本木2-4-5
電話：03-5549-1201（営業部）

取材・構成　山本達裕、玉置 肇
編集協力　株式会社BLOCK
装　丁
本文デザイン　杉山健太郎
目次デザイン
D T P　株式会社ローヤル企画
校　正　有限会社あかえんぴつ
編　集　北 堅太（SBクリエイティブ）
写　真　伊藤孝一（SBクリエイティブ）
印刷・製本　大日本印刷株式会社

本書をお読みになったご意見・ご感想を下記URL、
または左記QRコードよりお寄せください。
https://isbn2.sbcr.jp/19879/

落丁本、乱丁本は小社営業部にてお取り替えいたします。定価はカバーに記載されております。
本書の内容に関するご質問等は、小社学芸書籍編集部まで必ず書面にて
ご連絡いただきますようお願いいたします。

ISBN　978-4-8156-1987-9